Boris Hogenmüller

Der semantische Wandel im Werk Platons

Boris Hogenmüller

Der semantische Wandel im Werk Platons

εὐλάβεια, εὐλαβής, εὐλαβεῖσθαι

in den *Platonis opera* und der *Appendix Platonica*

Tectum Verlag

Boris Hogenmüller

Der semantische Wandel im Werk Platons.
εὐλάβεια, εὐλαβής, εὐλαβεῖσθαι
in den *Platonis opera* und der *Appendix Platonica*

ISBN: 978-3-8288-3482-8

Umschlagabbildung: Platon, Römische Kopie eines griechischen Platonporträts (http://upload.wikimedia.org/wikipedia/commons/d/da/Plato_Pio-Clemetino_Inv305.jpg)

Druck und Bindung: CPI buchbücher.de, Birkach
Printed in Germany

Besuchen Sie uns im Internet
www.tectum-verlag.de

Bibliografische Informationen der Deutschen Nationalbibliothek
Die Deutsche Nationalbibliothek verzeichnet diese Publikation in der Deutschen Nationalbibliografie; detaillierte bibliografische Angaben sind im Internet über http://dnb.ddb.de abrufbar.

INHALTSVERZEICHNIS

Vorbemerkung

Die vorliegende Arbeit ist die völlig überarbeitete und erweiterte Fassung meiner 2004 am Institut für Klassische Philologie der Universität Würzburg eingereichten Zulassungsarbeit.

Schwerpunkt der vorliegenden Studie ist die Untersuchung des semantischen Bedeutungswandels der griechischen Wortgruppe εὐλάβεια, εὐλαβής, εὐλαβεῖσθαι sowie der Komposita ἐξευλαβεῖσθαι und διευλαβεῖσθαι im philosophischen Kontext der klassischen Phase des 4. Jh. v. Chr. am Beispiel der Werke Platons und der *Appendix Platonica*. Grundlage der Untersuchung bilden einschlägige Stellen innerhalb des *Corpus Platonicum*. Ziel ist es, die vermeintlich schon bei Platon im Kontext einsetzende Bedeutungserweiterung der Begrifflichkeit εὐλάβεια, die sich von der Haltung der *(scheuen) Vorsicht* und *Achtsamkeit* entfernte und hin zur Haltung der *Furcht* und *religiösen Skrupelhaftigkeit*[1] wandelte, nachzuweisen.[2] Zur genaueren Untersuchung war es erforderlich, sowohl die griechischen Textstellen – ca. 96 unterschiedliche Textpassagen – zu zitieren als auch den Versuch einer Erläuterung des jeweiligen Bedeutungsinhaltes der Wortgruppe εὐλαβεῖσθαι zu unternehmen. Dabei sollte nicht so sehr der chronologische als vielmehr der kontextuelle Aspekt der Bedeutungsvielfalt in den Mittelpunkt des Interesses gestellt werden.

1 Vgl. dazu beispielsweise Plut. de Numa 22, I,5a-b; Polyb. 1,16,7.

2 Die Schwierigkeit dieser Untersuchung ergibt sich daraus, dass auf dem Gebiet der Semantikforschung bei Platon nahezu keine Ergebnisse früherer Forschungsversuche aufzufinden sind, die in diese Arbeit einfließen konnten.

Einteilung der Dialoge nach Platonica und Pseudoplatonica (Diog. Laert. III,49–51)

Eine erste Schwierigkeit tritt unmittelbar auf, da das Thema der Arbeit eindeutig den Nachweis des kontextbezogenen und nicht des chronologischen Wandels der Wortgruppe εὐλαβής, εὐλαβεῖσθαι, εὐλάβεια fordert. Folgt man der klassischen Ordnung (des Stephanus), auf die sich die Oxoniensis der *Platonis Opera* des John Burnet von 1907 – als Nachdruck Grundlage dieser Arbeit – stützt, so muss man feststellen, dass die Dialoge eine systematische Anordnung nach Tetralogien[3], von Thrasyllos erstellt[4], nicht aber eine Ordnung nach charakterlichen Eigentümlichkeiten aufzeigen[5]. Daher scheint es notwendig, eine neue Einteilung der zu untersuchenden Dialoge vorzunehmen. Die Erwähnungen des Diogenes Laertios in seiner *Vita Platonis* (III,49–51,8) bilden hierfür den Rahmen. Zur generellen Charakterisierung der Dialoge ist dort zu lesen:

3 Vgl. dazu M. Erler: Platon, in: H. Holzhey (Hg.): Grundriss der Geschichte der Philosophie, Philosophie der Antike Bd. 2.2 (Basel 2007) 13-14; auch E. Bickel: Geschichte und Recensio des Platontextes, in: RhM 92 (1943/1944) 97-159, hier: 98-99; A.-H. Chroust: The Organization of the Corpus Platonicum in Antiquity, in: Hermes 93 (1965) 34-46; J. A. Philip: The Platonic Corpus, in: N. D. Smith (Hrsg.): Plato. Critical Assessments, Bd. 1 (London 1998) 17-28.

4 Vgl. R. G. Hoerber: Thrasylus' Platonic Canon and the Double Titles, in: Phronesis 2 (1957) 10-20; C. W. Müller: Die Kurzdialoge der Appendix Platonica (München 1975) 27 - Thrasyllos [vgl. dazu H. Tarrant: Thrasyllan Platonism (Ithaca 1993)] war, so bezeugt es Diogenes Laertios, überzeugt, dass Platon seine Dialoge nach dem Vorbild der tragischen Tetralogie herausgegeben habe (Diog. Laert. 3,56-61=Dörrie-Baltes 48.1, mit H. Dörrie, M. Baltes: Der Platonismus in der Antike, Bd. 2 (Stuttgart-Bad Cannstatt 1990) 338ff.; vgl. dazu auch J. Mansfeld: Prolegomena (Leiden 1994) 60-61; 106 Anm. 173; dazu ebenfalls M. R. Dunn: Iamblichus, Thrasyllus, and the Reading Order of the Platonic Dialogues, in: R. B. Harris (Hrsg.): The Significance of Neoplatonism (Norfolk 1976) 59-80; H. Tarrant: Introducing philosophers and philosophies, in: Apeiron 28 (1995) 141-158; A. Dunshirn: Zur Performativität der Platonlektüre, in: Wiener Jahrbuch für Philosophie 39 (2007) 17-23; ders.: In welcher Reihenfolge die Dialoge Platons lesen?, in: Gymnasium 115 (2008) 103-122.

5 Vgl. zur Problematik auch A. Carlini: Studi sulla tradizione antica e medievale del Fedone (Rom 1972); M. R. Dunn: The Organization of the Platonic Corpus between the First Century B. C. and the Second Century A. D. (Dissertation Yale 1974) 73-97.

> Τοῦ δὴ <δια>λόγου τοῦ Πλατωνικοῦ δύ' εἰσὶν ἀνωτάτω χαρακτῆρες, ὅ τε ὑφηγητικὸς καὶ ὁ ζητητικός. Διαιρεῖται δὲ ὁ ὑφηγητικὸς εἰς ἄλλους δύο χαρακτῆρας, θεωρηματικόν τε καὶ πρακτικόν. Καὶ τῶν ὁ μὲν θεωρηματικὸς εἰς τὸν φυσικὸν καὶ λογικόν, ὁ δὲ πρακτικὸς εἰς τὸν ἠθικὸν καὶ πολιτικόν. Τοῦ δὲ ζητητικοῦ καὶ αὐτοῦ δύο εἰσὶν οἱ πρῶτοι χαρακτῆρες, ὅ τε γυμναστικὸς καὶ ἀγωνιστικός. Καὶ τοῦ μὲν γυμναστικοῦ μαιευτικός τε καὶ πειραστικός, τοῦ δὲ ἀγωνιστικοῦ ἐνδεικτικὸς καὶ ἀνατρεπτικός.[6]

Bereits in der Antike gab es außer dieser groben Einteilung auch andersartige Klassifizierungsversuche, wie Diogenes Laertios selbst berichtet und in der Folge negativ bewertet:

> Οὐ λανθάνει δ' ἡμᾶς ὅτι τινὲς ἄλλως διαφέρειν τοὺς διαλόγους φασί-λέγουσι γὰρ αὐτῶν τοὺς μὲν δραματικούς, τοὺς δὲ διηγηματικούς, τοὺς δὲ μεικτούς - ἀλλ' ἐκεῖνοι μὲν τραγικῶς μᾶλλον ἢ φιλοσόφως τὴν διαφορὰν τῶν διαλόγων προσωνόμασαν.[7]

Gemäß seinen Ausführungen bleibt die folgende Einteilung der Dialoge übrig:

> Εἰσὶ δὲ τοῦ μὲν φυσικοῦ οἷον ὁ Τίμαιος· τοῦ δὲ λογικοῦ ὅ τε Πολιτικὸς καὶ ὁ Κρατύλος καὶ Παρμενίδης καὶ Σοφιστής· τοῦ δ' ἠθικοῦ ἥ τε Ἀπολογία καὶ ὁ Κρίτων καὶ Φαίδων καὶ Φαῖδρος καὶ τὸ Συμπόσιον Μενέξενός τε καὶ Κλειτοφῶν καὶ Ἐπιστολαὶ καὶ Φίληβος Ἵππαρχος Ἀντερασταί·τοῦ δὲ πολιτικοῦ ἥ τε Πολιτεία καὶ οἱ Νόμοι καὶ ὁ Μίνως καὶ Ἐπινομὶς καὶ ὁ Ἀτλαντικός·τοῦ δὲ μαιευτικοῦ Ἀλκιβιάδαι Θεάγης Λύσις Λάχης·τοῦ δὲ πειραστικοῦ Εὐθύφρων Μένων Ἴων Χαρμίδης Θεαίτητος·τοῦ δὲ ἐνδεικτικοῦ ὡς ὁ Πρωταγόρας· καὶ τοῦ ἀνατρεπτικοῦ Εὐθύδημος Γοργίας Ἱππίαι δύο. Καὶ περὶ μὲν διαλόγου τί ποτέ ἐστι καὶ τίνες αὐτοῦ διαφοραί, <τοσαῦτα> ἀπόχρη λέγειν.[8]

6 Diog. Laert. III 49.

7 Diog. Laert. III 50,1-6.

8 Diog. Laert. III 50,6–51,8.

Daraus ergibt sich eine genaue Anordnung der für diese Arbeit maßgeblichen Dialoge. Am Anfang stehen jene Schriften, die sich den Fragen der Vernunft widmen, namentlich *Politikos*, *Kratylos* und *Sophistes*. Daran schließen sich Dialoge, die sich mit moralisch-sittlichen Fragen auseinandersetzen, an: Die *Apologie*, *Phaidon*, *Phaidros*, das *Symposion*, die *Briefe* und *Philebos*. Auf diese wiederum folgen die *Politeia*, die *Nomoi* und *Minos* als Repräsentanten der politischen Schriften und die maieutischen Dialoge *Alkibiades maior* und *Laches*. Als größere Gruppe werden hiernach die Dialoge *Menon*, *Ion*, *Charmides* und *Theaitet* als Vertreter der peirastischen Schriften und der *Protagoras* als Vertreter des endeiktischen Genus behandelt. Die anatreptische Klasse der Dialoge *Euthydem*, *Gorgias*, *Hippias maior* bildet schließlich den Abschluss der systematischen Ordnung nach Diogenes Laertios[9].

Doch nicht nur in sicher auf Platon zurückzuführenden Dialogen und Briefen finden sich Stellen, die die besagte Wortgruppe um εὐλάβεια aufweisen. Die als *Pseudoplatonica*[10] bereits in der Antike bereits bei Diogenes Laertios ausgewiesenen Schriften, die dennoch in die Gesamtausgabe der Werke Platons aufgenommen worden sind, weisen zehn verschiedene Textstellen auf, in denen unterschiedliche Formen von εὐλάβεια etc. zu finden sind.

Zu begründen ist dieses Phänomen des Eindringens unechter Schriften in das als echt anzusehende Werk wohl dadurch, dass es erst einige Zeit nach dem Tod Platons (ca. 347 v. Chr.) zur systematischen Vereinigung der Schriften des Philosophen kam, und dadurch die Aufnahme unechter Werke gefördert wurde[11]. In seiner heutigen Form wurde das *Corpus* erst im 1. Jh. n. Chr. aus unbezweifelbar echten Dialogen und einer Reihe verschiedenartig gestalteter, zwischen dem 4. und 1. Jh. v. Chr. entstandener Schrif-

---

9 Die Tetralogienordnung richtet sich inhaltlich an einen möglichen *cursus* der Lektüre [*Euthyphron, Apologie, Kriton, Phaidon*; Mansfeld (1994) 67–68]. Zur Tetralogienordnung vgl. Albinos (Isag. 4–5 149, 2–150, 12 Hermann=324,17–325,26 Freudenthal=Dörrie-Baltes 50.1), der eine solche Derkylides zuschreibt. Fraglich jedoch bleibt, ob es sich um eine ‚Edition' gehandelt hat [Mansfeld (1994) 61 Anm. 105; 199 Anm. 110). Zur Frage nach der Anordnung und Einteilung der Dialoge vgl. ausführlich die Darstellung bei Erler (2007) 9–29

10 Diogenes Laertios bietet eine Liste von zehn Dialogen, die nicht von Platon stammen sollen [3,62=Dörrie-Baltes 48.4); vgl. dazu Müller (1975) 36–40; (2005) 1].

11 Vgl. dazu Müller (1975) und (2005).

ten der platonischen Schultradition zusammengestellt und überliefert[12]. Aus den Handschriften erfährt man, dass das *Corpus* zunächst neun Tetralogien, in denen die *Apologie*, vierunddreißig Dialoge und die Sammlung von dreizehn Briefen enthalten sind, umfasste. Daran schließen sich die Definitiones (ὅροι), die, fälschlich Speusippos zugeschrieben, ebenso anonym bleiben wie die darauf folgenden sieben kleineren Schriften, welche bereits in der Antike als unecht ausgesondert wurden: *Über das Gerechte* (Περὶ δικαίου)[13], *Über die Tugend* (Περὶ ἀρετῆς)[14], *Demodokos*[15], *Sisyphos*[16], (*Alkyon*)[17], *Eryxias*[18] und *Axiochos*[19]. Bei all diesen Schriften handelt es sich um wenig bedeutende Erzeugnisse, die in platonischer

12 Vgl. dazu H. Thesleff: Studies in Platonic chronology (Helsinki 1982); G. R. Ledger: Re-counting Plato. A computer analysis of Plato's style (Oxford 1989); L. Brandwood: The chronology of Plato's dialogues (Cambridge 1990); J. Howland: Re-reading Plato. The problem of Platonic chronology, in: Phoenix 45 (1991) 189–214; D. Nails: Platonic chronology reconsidered, in: Bryn Mawr classical review 3 (1992) 314–327; E. Heitsch: Dialoge Platons vor 399? (Göttingen 2002); ders.: Hat Sokrates Dialoge Platons noch lesen können?, in: Gymnasium 110 (2003) 109–119.

13 Vgl. dazu Müller (1975) 129–130; Erler (2007) 322–323.

14 Vgl. dazu Erler (2007) 323–325.

15 Zur Unterscheidung des Demodokos 1 und 2–4 vgl. allgemein Erler (2007) 325–328.

16 Vgl. dazu Erler (2007) 328–329.

17 Vgl. Erler (2007) 329–331.

18 Vgl. Erler (2007) 331–333.

19 Vgl. M. Erler: ‚Argumente, die die Seele erreichen'. Der Axiochos und ein antiker Streit über den Zweck philosophischer Argumente, in: K. Döring, M. Erler, S. Schorn (Hgg.): Pseudoplatonica. Akten des Kongresses zu den Pseudoplatonica vom 6.–9. Juli 2003 in Bamberg (Stuttgart 2005) 81–96; M. Joyal: Socrates as σοφὸς ἀνήρ in the Axiochos, in: K. Döring, M. Erler, S. Schorn (Hgg.): Pseudoplatonica. Akten des Kongresses zu den Pseudoplatonica vom 6.–9. Juli 2003 in Bamberg (Stuttgart 2005) 97–118; M. Tulli: Der Axiochos und die Tradition der consolatio in der Akademie, in: K. Döring, M. Erler, S. Schorn (Hgg.): Pseudoplatonica. Akten des Kongresses zu den Pseudoplatonica vom 6.–9. Juli 2003 in Bamberg (Stuttgart 2005) 255–272; Erler (2007) 333–335; I. Männlein-Robert: Einführung in den ps.-platonischen Axiochos, in: Ps.-Platon, Über den Tod, eingeleitet, übersetzt und mit interpretierenden Essays versehen von Irmgard Männlein-Robert (Hg.), Oliver Schelske, Michael Erler, Reinhard Feldmeier, Sven Grosse, Achim Lohmar, Heinz-Günther Nesselrath und Uta Poplutz (Tübingen 2012) 3-41; dies., O. Schelske: Kommentar zum ps.-platonischen Axiochos (Tübingen 2012) 60–95.

Schultradition stehen, Rekapitulationen darstellen oder Einzelfragen behandeln.[20]

Fallen die bei Diogenes Laertios als „Fälschungen“ (νοθεύονται) benannten Schriften von vornherein aus dem Rahmen der als echt tradierten Tetralogien, so ist auch in diesen selbst einiges enthalten, was mit einem verschiedenem Grade von Sicherheit ausgeschieden werden kann. Durch die Aufnahme eines Dialogs in die Tetralogien konnte noch nichts über seine Echtheit präjudiziert werden: Die zahlensymbolisch konzipierte Anordnung (9×4) bedurfte der Ausfüllung, wie dies etwa das Beispiel der *Epinomis*[21] zeigt. Daher ist selbst in der jüngsten Forschung die Grenze zwischen *Platonica* und *Pseudoplatonica* stark umstritten – hierbei stehen Dialoge wie der *Hippias maior* und der *Alcibiades maior* im Brennpunkt der Diskussion – wodurch es fast unmöglich wird, eine eindeutige Einordnung vorzunehmen.

Für die folgende Untersuchung allerdings bietet sich gerade dadurch die Möglichkeit, noch genauere Ergebnisse des Bedeutungswandels der Wortgruppe wahrnehmen zu können, finden sich doch allein im siebten Brief, im *Alcibiades maior* und *Hippias maior* jeweils eine Stelle, im *Minos* zwei Stellen, in den *Definitiones* ganze vier Stellen und im *Eryxias* eine weitere Stelle mit der Begrifflichkeit εὐλάβεια.

---

20 Dass sie nur eine zufällige Auswahl aus einer viel größeren Masse von fälschlich Zugewiesenem darstellen, lässt sich aus DL III,62 schließen: Ἔνιοι δέ, ὧν ἐστι καὶ Ἀριστοφάνης ὁ γραμματικός, εἰς τριλογίας ἕλκουσι τοὺς διαλόγους, καὶ πρώτην μὲν τιθέασιν ἧς ἡγεῖται Πολιτεία Τίμαιος Κριτίας· δευτέραν Σοφιστὴς Πολιτικὸς Κρατύλος· τρίτην Νόμοι Μίνως Ἐπινομίς· τετάρτην Θεαίτητος Εὐθύφρων Ἀπολογία· πέμπτην Κρίτων Φαίδων Ἐπιστολαί. Τὰ δ' ἄλλα καθ' ἓν καὶ ἀτάκτως. Ἄρχονται δὲ οἱ μέν, ὡς προείρηται, ἀπὸ τῆς Πολιτείας· οἱ δ' ἀπὸ Ἀλκιβιάδου τοῦ μείζονος· οἱ δ' ἀπὸ Θεάγους· ἔνιοι δὲ Εὐθύφρονος· ἄλλοι Κλειτοφῶντος· τινὲς Τιμαίου· οἱ δ' ἀπὸ Φαίδρου· ἕτεροι Θεαιτήτου· πολλοὶ δὲ Ἀπολογίαν τὴν ἀρχὴν ποιοῦνται. Νοθεύονται δὲ τῶν διαλόγων ὁμολογουμένως Μίδων ἢ Ἱπποτρόφος, Ἐρυξίας ἢ Ἐρασίστρατος, Ἀλκυών, Ἀκέφαλοι, Σίσυφος, Ἀξίοχος, Φαίακες, Δημόδοκος, Χελιδών, Ἑβδόμη, Ἐπιμενίδης· ὧν ἡ Ἀλκυὼν Λέοντός τινος εἶναι δοκεῖ, καθά φησι Φαβωρῖνος ἐν τῷ πέμπτῳ τῶν Ἀπομνημονευμάτων. (Es fehlen die Dialoge Περὶ δικαίου und Περὶ ἀρετῆς.)

21 Vgl. L. Brisson: Epinomis: authenticity and authorship, in: K. Döring, M. Erler, S. Schorn (Hgg.): Pseudoplatonica (Stuttgart 2005) 9–24.

Einteilung des platonischen Werkes nach Gattungsmerkmalen (Diog. Laert. III,50–52)

Aus den genannten Gründen bietet es sich an, einerseits Diogenes' Anordung der Dialoge nach charakteristischen Merkmalen beizubehalten, andererseits aber auf die von ihm noch nicht als *Pseudoplatonica* angesehenen Schriften während der Untersuchung explizit hinzuweisen. Für die als nicht platonisch angesehenen (akademischen) *Definitiones* und den *Eryxias* soll die folgende Regelung gelten, dass ihnen nach Abhandlung der „echten" Dialoge die nötige Würdigung zukommen soll.

Daraus ergibt sich für die Untersuchung der Stellen im platonischen Werk folgendes Gesamtsystem[22]:

1. *Platonica* (nach Diogenes Laertios):

a). *Politikos*, *Kratylos* und *Sophistes* (γένος λογικόν).

b). Apologie, Phaidon, Phaidros, Symposion, Epistulae (mit dem pseudoplatonischen siebten Brief) und *Philebos* (γένος ἠθικόν).

c). *Politeia*, *Nomoi* und *Minos* (pseudoplatonische Schrift) (γένος πολιτικόν).

d). *Alkibiades maior* (pseudoplatonische Schrift) und *Laches* (γένος μαιευτικόν)

e). *Menon*, *Ion*, *Charmides* und *Theaitet* (γένος πειραστικόν)

f). *Protagoras* (γένος ἐνδεικτικόν)

g). *Euthydem*, *Gorgias* und *Hippias maior* (pseudoplatonische Schrift) (γένος ἀνατρεπτικόν)

2. *Pseudoplatonica* (nach Diogenes Laertios):

h). Akademische *Definitiones*

i). Eryxias

22 Vgl. Erler (2007) 20–21.

Die Semantik der Wortgruppe εὐλαβής, εὐλαβεῖσθαι, εὐλάβεια

Nach der nun erfolgten konzeptionellen Vorgehensweise scheint es angeraten, einen näheren Blick auf die Semantik der Wortgruppe εὐλαβής, εὐλαβεῖσθαι, εὐλάβεια zu werfen, um die Fragen nach den Grundbedeutungen der Begriffe im 4. Jh. v. Chr. zu klären. Zieht man hierzu einschlägige Lexika zu Rate, so erhält man beispielsweise[23] folgende allgemeine Informationen: „(I.) εὐλάβεια, ἡ, (εὐλαβής) das Wesen u. Betragen des εὐλαβής, Bedächtigkeit, Behutsamkeit, das Sich in Acht nehmen, (…), das Ausweichen, das Parieren, (…), (die) Vorsicht beim Handeln, (…), (die) Scheu vor dem Göttlichen, Gottesfurcht, gewissenhafte Befolgung göttlicher Gebote. (…). Auch Furcht, Unentschlossenheit, Scheu, Bedenklichkeit. (…). (II.) εὐλαβεῖσθαι, wie ein εὐλαβής handeln, sich in Acht nehmen, vorsichtig, bedächtig, behutsam seyn oder handeln, (…), sich vor Jem. od. etwas scheuen, fürchten, in Acht nehmen, (…), fürchten, ehren, (…), in Obacht nehmen, beachten, (…), besorgt seyn um etwas, Sorge tragen für etwas, wachen, (…). (III.) εὐλαβής ές, (λαμβάνω, λαβεῖν) 1) wohl, fest, sicher fassend od zugreifend, festhaltend, (…), vorsichtig, behutsam, bedächtig, sich in Acht nehmend, achtsam; dah. sowohl: gewissenhaft, als auch: bedenklich, furchtsam, ängstlich, (…), 2) pass., gut, leicht zu erfassen, zu ergreifen, (…), b) met., mit Vorsicht getan, wie auch wir *vorsichtig* gebrauchen, (…), vorsichtig, behutsam seyn gegen Jem. od. etwas, (…).“[24] Aus dem Verzeichnis der Textstellen lässt sich schnell erkennen, dass die Bedeutungen „*Scheu vor dem Göttlichen, Gottesfurcht, gewissenhafte Befolgung göttlicher Gebote*“ erst mit dem ersten Jahrhundert nach Christus zu verzeichnen sind (nicht vor Plutarch und Diodor). Die übrigen Bedeutungsinhalte sind bereits in frühgriechischer Lyrik (εὐλαβίη bei Theogn. 118; Simon. fr. 111) zu finden und ziehen ihre Bahnen über die großen Tragiker der klassischen Zeit (z.B. Soph. OC. 116; Eur. Phoen. 782.) bis hin in die Rhetorik des Demosthenes (or. 21,61) und die philosophischen Schriften Platons und Aristoteles‘.

Eine noch genauere Differenzierung der Verwendung unternimmt Gerhardt Kittel in seinem Nachschlagewerk „Theologisches Wörterbuch zum

23 Vgl. auch LSJ s.v. εὐλάβεια, εὐλαβέομαι, εὐλαβής.

24 Vgl. F. Passow: Handwörterbuch der griechischen Sprache (Darmstadt 1983) s.v. εὐλάβεια, εὐλαβέομαι, εὐλαβής.

Neuen Testament“[25]. Dort ist unter der Rubrik „εὐλαβής, εὐλαβεῖσθαι, εὐλάβεια: A: Der außerchristliche Sprachgebrauch“ der folgende, recht aufschlussreiche Artikel zu finden, der hier in gekürzter Fassung wiedergegeben werden soll: „Die Wortgruppe εὐλαβής, εὐλαβεῖσθαι, εὐλάβεια (nicht bei Homer und Hesiod bezeugt) bezeichnet im Griechischen die Haltung der *Vorsicht* in mannigfacher Differenzierung. Es kann gemeint sein: die *vorsichtige Achtsamkeit* auf den καιρός, die *ängstliche Scheu*, das *sich hüten, sich in Acht nehmen vor*, das *besorgt sein im Interesse von*, die *Gewissenhaftigkeit*. Im letzten Fall nähert sich der Sinn von εὐλάβεια dem von αἰδώς, und εὐλαβής gewinnt schon fast religiösen Sinn, da es sich um die gewissenhafte Achtung des Rechtes handelt, wie das Nebeneinander von εὐλαβῶς und εὐσεβῶς (Demost. or. 21,61) zeigt. Aber die Wortgruppe kann ebenso auch die religiöse Scheu schlechthin bezeichnen. Diese Bedeutung tritt im Hellenismus immer stärker hervor, so dass Plutarch das lateinische *religio* durch ἡ πρὸς (oder περὶ) τὸ θεῖον εὐλάβεια umschreiben kann. Mit demselben Begriff bezeichnet er ebenfalls die *religiöse Skrupelhaftigkeit* der Platoniker. Im Neugriechischen endlich ist der Wandel des Begriffes εὐλάβεια vollständig hin zur Bedeutung *Frömmigkeit* vollzogen worden.

Gleichzeitig schreitet eine andere Entwicklung dorthin, dass die Bedeutung *Vorsicht*, *Zurückhaltung* in die Bedeutung *Furcht*, *Angst* übergeht, von der diese z. B. bei Demosthenes und Aristoteles noch ausdrücklich unterschieden wird. Im klassischen Griechisch bedeutet εὐλαβεῖσθαι noch φυλάττεσθαι, im Hellenismus bereits φοβεῖσθαι. Die Stoiker freilich wollen die εὐλάβεια als εὔλογος ἔκκλισις vom φόβος als der ἄλογις ἔκκλισις unterscheiden. Sie bezeichnen die εὐλάβεια, deren nur der Weise fähig ist, als eine der drei εὐπάθειαι (neben χάρα und βούλησις) und unterscheiden als ihre Arten die αἰδώς (als εὐλάβεια ὀρθοῦ ψόγου) und die ἁγνεία (als εὐλάβεια τῶν θεῶν ἁρματημάτων).“

Wie aber verhält sich die Semantik der Wortgruppe in den Dialogen Platons? Ist in ihnen bereits eine Wandelung der Bedeutung zu vermerken, weg von der Haltung der *scheuen Vorsicht* und *Achtsamkeit*, weg von der klassischen Bedeutung εὐλαβεῖσθαι gleich φυλάττεσθαι hin zur Eigenschaft der *Gewissenhaftigkeit* und *Furcht*, zur Bedeutungsverschiebung

25 Vgl. G. Kittel: Theologisches Wörterbuch zum Neuen Testament, Bd. II (Stuttgart 1935) 749-751.

εὐλαβεῖσθαι gleich φοβεῖσθαι, die bei Epiktet[26] wohl bereits ihre Vollendung genommen hat? Die Antwort darauf bedarf eines genauen Blickes auf die einzelnen Textstellen des platonischen Werkes.

Die Untersuchung der einzelnen Textpassagen

a). γένος λογικόν

Politikos[27]

Der Einteilung nach Diogenes Laertios folgend stehen an erster Stelle die Dialoge des γένος λογικόν: *Politikos* (drei Textstellen), *Kratylos* (eine Textstellen) und *Sophistes* (eine Textstelle).

Da chronologische Aspekte in dieser Arbeit gänzlich ausgespart werden sollen, ist es von untergeordneter Bedeutung, dass die Reihenfolge, die von Platon selbst in Aussicht gestellt worden war, durch die Aufzählung nach Gattungen bei Diogenes Laertios durchbrochen worden ist. Obwohl Platon selbst im Eingang des *Sophistes* den *Politikos* als mittleres Glied der Trilogie bezeichnet hatte, welchem nach der Schilderung des Sophisten und des Staatsmannes die Darstellung des Philosophen folgen sollte, ist es aus bisher unbekannten Gründen nicht zur Abfassung dieser zuletzt genannten Schrift gekommen. Der *Politikos*, mit dessen Besprechung der Zyklus der platonischen Untersuchungen begonnen werden soll, besitzt als Gesprächspersonen dasselbe Personal, das zuvor schon im *Sophistes* beteiligt war: Sokrates, Theodoros, den Fremden aus Elea und den jüngeren Sokrates. Er

26 Zu denken ist hier insbesondere an die in der zweiten Diatribe Epiktets aufgeführte Abhandlung über den Widerspruch von θάρσος und εὐλάβεια (Ὅτι οὐ μάχεται τὸ θαῤῥεῖν τῷ εὐλαβεῖσθαι). Dieser wird am Ende so aufgelöst (Diatr. II,40): καὶ οὕτως τὸ παράδοξον ἐκεῖνο οὐκέτι οὔτ' ἀδύνατον φανεῖται οὔτε παράδοξον, ὅτι ἅμα μὲν εὐλαβεῖσθαι δεῖ ἅμα δὲ θαῤῥεῖν, πρὸς μὲν τὰ ἀπροαίρετα θαῤῥεῖν, ἐν δὲ τοῖς προαιρετικοῖς εὐλαβεῖσθαι – *Und so scheint jener Widerspruch nicht mehr weder unmöglich noch widersprüchlich, nämlich, dass man zugleich achtsam als auch mutig sein soll, mutig innerhalb des Bereiches der nicht erfassbaren Dinge, achtsam aber im Bereich der Dinge, die erfasst werden können*. Vgl. dazu M. Erler: Death is a Bugbear: Socratic 'Epode' and Epictetus' Philosophy of the Self, in: T. Scaltsas, A.S. Mason (Hgg): The Philosophy of Epictetus (Oxford 2007) 99–111.

27 Zum Politikos vgl. allgemein Erler (2007) 245–252 mit ausführlichen Literaturhinweisen (645–648).

behandelt, wie aus seinem von Thrasyllos hinzugefügtem Untertitel (ἢ περὶ βασιλείας) ersichtlich, die Problematik der Herrschaft. Ohne Unterbrechung, wie es erscheinen mag, setzen diese Personen das im *Sophistes* begonnene Gespräch fort. Der eleatische Fremde soll nunmehr den Begriff des Staatsmannes erläutern. Er wählt zum Mitredner an Stelle des Theaitet, um diesem nach der bisherigen Unterredung die nötige Ruhe zu gewähren, den jüngeren Sokrates aus. Während man nun versucht, durch fortgesetzte Dichotomie des Begriffes Wissenschaft die Definition des Staatsmanns zu gewinnen, kommt man innerhalb des Themas – die Leitung lebender Wesen nach Einzelzucht und Herdenzucht – durch den Vorschlag des jüngeren Sokrates, der sofort nach Tieren und Menschen teilen will, auf den Unterschied von Art und Teil zu sprechen. Der eleatische Fremde schließt darauf seine eingehende Belehrung mit folgenden Worten (*263e1*):

> Ξέ: (...) πειραθῶμεν οὖν ἡμεῖς **ἐξευλαβεῖσθαι** πάνθ' ὁπόσα τοιαῦτα.

Platon verwendet an dieser Stelle in Abhängigkeit vom übergeordneten Verbum πειρᾶσθαι das Kompositum ἐξευλαβεῖσθαι, das nichts anderes als ein verstärkendes εὐλαβεῖσθαι ist. Die Sinnrichtung des Verbums erschließt sich aus dem bereits erwähnten Kontext der Textstelle: Man muss sich vor all diesen Missgriffen der leichtfertigen Definitionen *in Acht nehmen* (wohl ebenso zu vertreten: *sich vorsehen* und *sich hüten*), dass man nicht, weil die nötige Überlegung fehlt, getäuscht wird oder sich selbst täuscht. Der Schaden, der zu erwarten ist, betrifft an dieser Stelle nur den hypothetisch-geistigen Bereich der Reflexionen und Argumentationen, so dass Gefahr besteht, die Diskussion könne einen falschen Weg einschlagen und das eigentliche Ziel nicht erreichen. Persönlicher Schaden an Leib und Seele ist hier als Folge nicht zu erwarten. Eine Übersetzung sollte daher wie folgt lauten:

> (Fremder): (...) Versuchen wir, uns also vor all den Missgriffen dieser Art in Acht zunehmen. (...).

Erst spät am Ende des Dialoges folgen zwei weitere zu untersuchende Stellen in den Abschnitten 311a7 und 311b1. Dort heißt es im Resümee des eleatischen Fremden, die eigentliche Aufgabe des wirklichen Staatsmannes sei, gleich einem guten Weber, das von ihm zu bearbeitende Material – d.h. die Bürger – zu einem haltbaren Gewebe zu verflechten. Es gilt daher, die verschiedenen, in der Bürgerschaft vorkommenden (zahmen und wilden) Charakterformen zu sicherer und haltbarer Verträglichkeit im Dienste des

Gemeinwohles zu verbinden. Dazu müssen dem Staatsmann geistige und physische Eigenschaften zur Verfügung stehen (311a4):

> Ξέ: οὗ μὲν ἂν ἑνὸς ἄρχοντος χρεία συμβαίνῃ, τὸν ταῦτα ἀμφότερα ἔχοντα αἱρούμενον ἐπιστάτην: οὗ δ' ἂν πλειόνων, τούτων μέρος ἑκατέρων συμμειγνύντα. τὰ μὲν γὰρ σωφρόνων ἀρχόντων ἤθη σφόδρα μὲν **εὐλαβῆ** καὶ δίκαια καὶ σωτήρια, δριμύτητος δὲ καί τινος ἰταμότητος ὀξείας καὶ πρακτικῆς ἐνδεῖται.
>
> Νεώτερος Σωκράτης: δοκεῖ γοῦν δὴ καὶ τάδε.
>
> Ξέ: τὰ δ' ἀνδρεῖά γε αὖ πρὸς μὲν τὸ δίκαιον καὶ **εὐλαβὲς** ἐκείνων ἐπιδεέστερα, τὸ δὲ ἐν ταῖς πράξεσι ἰταμὸν διαφερόντως ἴσχει. πάντα δὲ καλῶς γίγνεσθαι τὰ περὶ τὰς πόλεις ἰδίᾳ καὶ δημοσίᾳ τούτοιν μὴ παραγενομένοιν ἀμφοῖν ἀδύνατον.

Zweimal wird hier in unmittelbarer Abfolge das Adjektiv εὐλαβής (εὐλαβές) zur Bestimmung einer Charaktereigenschaft der leitenden Beamten (bzw. des Herrschers) verwendet: „Die Sinnesart von besonnenen Beamten" ist Platons Worten folgend εὐλαβής, das im Deutschen mit *sehr vorsichtig*, vielleicht auch treffend mit den Begriffen *umsichtig* und *gewissenhaft* zu übersetzen ist, wobei hier die Konnotation der *Vorsicht* und der *Furcht um jemanden*, obwohl diese Bedeutung erst für das 1. Jh. n. Chr. wirklich belegt ist, zu wenig ins Gewicht fällt. Als Eigenschaft ist εὐλαβής Element der Besonnenheit, die ja selbst eine der vier platonischen Kardinaltugenden ist, die den wahren (idealen) Herrschern inne wohnen muss. Der Bedeutungsinhalt des Adjektivs εὐλαβής in diesem Kontext ist daher zwar ein etwas anderer als der des Kompositums ἐξευλαβεῖσθαι an der zuvor genannten Stelle: Nicht Täuschung, sondern wirkliche Katastrophen für den Staat, der in Chaos und Anarchie versinken wird, sind als Folge des Fehlens von εὐλάβεια im Wesen eines Herrschers zu erwarten, da ohne die Eigenschaft der εὐλάβεια die σωφροσύνη (die Besonnenheit) nicht existieren kann. Dennoch steht auch hier, wie schon zuvor in 263e1, der äußere Schaden, der sich auf den Staat bezieht, mehr im Vordergrund als die schadhaften Konsequenzen für das Innere von Einzelpersonen. Von einer inneren Haltung, die *Furcht* oder gar *Angst* voraussetzt, ist hier kein Anzeichen zu finden:

> (…) Fremder: Wo es nur eines Herrschers bedarf, muss man den zum Leiter erwählen, der beide Eigenschaften in sich vereinigt, wo aber mehrere, da muss man eine

> Mischung von Vertretern beider Klassen vornehmen; denn die Sinnesart besonnener Beamten ist sehr vorsichtig, gerecht und scheut Veränderung, lässt aber Schärfe und eine gewisse rasche und zugreifende Entschlossenheit vermissen.
>
> Sok. d. J.: Ja, auch das scheint richtig.
>
> Fremder: Die tapferen Naturen andererseits stehen an Gerechtigkeitssinn und Vorsicht (Gewissenhaftigkeit) mit jenen nicht auf gleicher Stufe, zeichnen sich dafür aber mit Handeln durch rasche Tatkraft aus. In einem Staat aber kann, was sowohl das persönliche wie das öffentliche Leben anlangt, unmöglich alles wohl gelingen, ohne das Zusammenwirken dieser beiden Elemente. (…).

Kratylos[28]

Als zweiten Vertreter des γένος λογικόν, der die eingangs verlangten Voraussetzungen erfüllt, nennt Diogenes Laertios den *Kratylos*. Dieser Dialog, mit den Personen Hermogenes, Kratylos und Sokrates, handelt von der Problematik der Richtigkeit der Namen, wie aus dem Untertitel (ἢ περὶ ὀρθότητος ὀνομάτων) zu entnehmen ist. Hermogenes, der sich mit Kratylos im Gespräch befindet, wendet sich angesichts des unbeweglichen Starrsinns seines Gesprächspartners an Sokrates mit der Bitte, seinen Standpunkt zu erläutern. Die Frage ist nämlich folgende: Beruht die Richtigkeit der Namen auf Natur (φύσει), wie es Kratylos vertritt, oder auf Satzung und Übereinkunft (νόμῳ καὶ συνθήκῃ), was die Antwort des Hermogenes ist? Da sich Sokrates seinerseits außerstande sieht, darüber ein fertiges Urteil abzugeben, aber sich gerne zu einer gemeinsamen Untersuchung bereit erklärt, kommt es zu einem zweifachen Gespräch, das Sokrates zuerst mit Hermogenes (385b–427c), danach mit Kratylos führt (427e–440e).

In diesem ersten Dialog mit Hermogenes offenbart sich nun auch die einzige Textstelle, in deren Kontext von εὐλάβεια die Rede ist. Sokrates antwortet Hermogenes auf dessen Bitte, die Frage der Ursprungsklärung des Begriffes ἄνθρωποι vorzunehmen, mit folgenden Worten (399a):

> Σω: τῇ τοῦ Εὐθύφρονος ἐπιπνοίᾳ πιστεύεις, ὡς ἔοικας.

---

28 Vgl. dazu Erler (2007) 109–116 mit ausführlichen Literaturhinweisen (586–589).

Ἑρ: δῆλα δή.

Σω: ὀρθῶς γε σὺ πιστεύων: ὡς καὶ νῦν γέ μοι φαίνομαι κομψῶς ἐννενοηκέναι, καὶ κινδυνεύσω, ἐὰν μὴ εὐλαβῶμαι, ἔτι τήμερον σοφώτερος τοῦ δέοντος γενέσθαι.

Nicht wirklich einfach zu erschließen erscheint die Bedeutung des Verbum simplex εὐλαβεῖσθαι, das Platon in diesem Zusammenhang Sokrates in den Mund legt. Eingebunden in die Konstruktion eines Eventualis und folglich im Konjunktiv (Präsens) stehend, korreliert εὐλαβεῖσθαι direkt mit der übergeordneten Verbalform von κινδυνεύειν, die im Deutschen mit den Begrifflichkeiten *in Gefahr geraten, in Gefahr sein* zu übersetzen ist. Da diese Gefahr im Allgemeinen eine Gefährdung an Leib und Seele sein kann, wäre durchaus die Möglichkeit gegeben, ἐὰν μὴ εὐλαβῶμαι im Deutschen auch treffend mit „wenn/falls ich nicht *achtsam* (*vorsichtig* etc.) vorgehe“ zu übersetzen. Diese wird allerdings durch die Konkretisierung der Gefahr im weiteren Verlauf des Satzes sogleich entkräftet, denn die zu erwartenden Schäden belaufen sich eher auf äußere Einbußen (z.B. Verlust des Ansehens, Verlust des Einflusses) als auf wirkliche innere Schadensnahmen, wodurch eher die klassische Bedeutung *vorsichtig sein, sich davor hüten, sich in Acht nehmen* des Verbums εὐλαβεῖσθαι gemeint sein müsste. Für einen Bedeutungswandel lassen sich keine Indizien finden:

Sok.: Es scheint, du setzt dein Vertrauen auf die von Euthyphron empfangene Anregung.

Herm.: Offenbar.

Sok.: Daran tust du recht. Denn auch der Einfall, der mir eben jetzt gekommen ist, scheint mir ganz sinnreich zu sein, und wenn ich nicht auf der Hut bin, so werde ich, fürchte ich, mich noch heute in die Lage gesetzt sehen, an Weisheit über alles vernünftige Maß hinausgewachsen zu sein. (…).

Sophistes[29]

Mit dem *Sophistes* wird der letzte zu betrachtende Dialog dieser Gruppe erreicht, der, wie bereits im Rahmen des *Politikos* erwähnt, der Anordnung nach Platon folgend vor diesem anzusiedeln ist. Die Gesprächspartner sind

29 Vgl. dazu Erler (2007) 238–244 mit ausführlichen Literaturhinweisen (641–645).

bis auf eine Ausnahme (an der Stelle des erst im *Politikos* erscheinenden jüngeren Sokrates ist Theaitet in das Gespräch eingebunden) dieselben: Theodoros, Sokrates, der Fremde aus Elea und Theaitetos, der in diesem ersten Gespräch die Rolle des Dialogpartners des Eleaten übernimmt. Seiner inneren Chronologie nach knüpft der Dialog an den Schluss des *Theaitet* an, der eine Fortsetzung des damals ergebnislosen Gespräches in Aussicht gestellt hatte. Demgemäß finden sich am Tage danach der Mathematiker Theodoros und der junge Theaitet – die aus dem *Theaitet* bekannten Gesprächsführer – wiederum bei Sokrates ein, begleitet von einem Fremden aus Elea, den sie Sokrates als philosophisch geschulten Mann vorstellen. Sokrates drückt seine Freude darüber aus, durch ihn Gelegenheit zu erhalten, über das wahre gegenseitige Verhältnis der drei oft miteinander verwechselten oder zusammengeworfenen Berufsvertreter, des Sophisten, des Staatsmannes und des Philosophen, zu diskutieren. Schnell wird der eleatische Fremde dazu überredet, die Gesprächsführung zu übernehmen, wobei sich der junge Theaitet als der ideale Gesprächspartner herausstellt. Zunächst nun soll das Wesen des Sophisten definiert werden, was allerdings, da man über dessen Scheinwissen, das seine Voraussetzung in der Existenz des Nichtseienden hat, zu sprechen kommt, sehr schnell in einen Versuch der Darlegung des „Seins des Nichtseins“ übergeht. Während die Ansichten über das Seiende und ihre Schwierigkeiten vorgebracht werden, kommt es zur folgenden Gesprächsäußerung über Philosophen, die eine andere Art der Definition verfechten (246b4):

> Θεαί: ἦ δεινοὺς εἴρηκας ἄνδρας: ἤδη γὰρ καὶ ἐγὼ τούτων συχνοῖς προσέτυχον.
>
> Ξέ: τοιγαροῦν οἱ πρὸς αὐτοὺς ἀμφισβητοῦντες μάλα **εὐλαβῶς** ἄνωθεν ἐξ ἀοράτου ποθὲν ἀμύνονται, νοητὰ ἄττα καὶ ἀσώματα εἴδη βιαζόμενοι τὴν ἀληθινὴν οὐσίαν εἶναι:

Untersucht man an dieser Stelle die Bedeutung von εὐλαβῶς, so wird eindeutig klar, dass hier von einer Verteidigung gegen bestimmte Personen die Rede ist. Aufgrund der hartnäckig vertretenen Ansichten der Philosophen, die das Seiende in anderer Art und Weise definieren, ist es notwendig, in *vorsichtiger* (*umsichtiger*) Weise die Verteidigung vorzunehmen, um nicht eventuell Schaden zu nehmen. Dieser Schaden könnte einerseits körperlicher Natur sein, da unter Umständen auf Gewalt zurückgegriffen wird, oder andererseits und wahrscheinlicher das Ansehen und die Selbsteinschätzung betreffen. Eine wirkliche Schadensnahme an der eigenen Seele ist wohl auszuschließen. Die Argumente für einen Bedeutungswandel der Wortgruppe εὐλαβεῖσθαι sind in diesem Dialog nicht festzumachen:

> Theait.: Ja, das sind ganz üble Gesellen, von denen du da sprichst. Auch ich kenne sie aus manchem Zusammentreffen mit ihnen.
>
> Fremder: Daher verteidigen sich denn auch ihre Gegner aus sehr vorsichtig gewählter Stellung von oben her, aus dem Unsichtbaren, indem sie alles daransetzen, gewisse nur denkbare und unkörperliche Formen zu Inhabern des wahren Seins zu machen. (…).

Zusammenfassung

Für die Untersuchung der Dialoge des γένος λογικόν bleibt als Resümee festzuhalten, dass im Kontext keinerlei Anzeichen gefunden werden konnten, die eine beginnende Wandlung der Semantik des Begriffes εὐλάβεια erkennen lassen. Platon verwendet die Wortgruppe in seinen politischen Dialogen stets in den für die klassische Zeit üblichen konkreten Bedeutungen der äußeren *Vorsichtnahme* und *Achtsamkeit.*

b). γένος ἠθικόν

Apologie des Sokrates[30]

Als zweite große Gruppe nennt Diogenes Laertios die Schriften des γένος ἠθικόν, die sich moralischen Fragen widmen. Zu dieser Gruppe sind folgende relevante Dialoge und Briefe zu zählen: Die *Apologie* (eine Textstelle), *Phaidon* (fünf Textstellen), *Phaidros* (eine Textstelle), das *Symposion* (zwei Textstellen), die *Epistulae* mit dem pseudoplatonischen siebten Brief (sechs Textstellen) und *Philebos* (zwei Textstellen). Ganz und gar willkürlich erscheint die Anordnung nach Genera bei Diogenes Laertios. Dementsprechend führt er an erster Stelle die *Apologie des Sokrates* vor dem Rat der Athener auf. Dieser Dialog, der seiner inneren Chronologie nach unmittelbar an den *Euthyphron* schließt, beinhaltet die Verteidigungsrede des Philosophen, dem die Anklage vorwirft, er würde die Jugend verderben und nicht an die Götter des Staates, sondern an andere neue δαιμόνια glauben.

30 Vgl. dazu (Erler 2007) 99–104 mit ausführlichen Literaturhinweisen (582–584)

Sokrates unternimmt daraufhin als Bürger von Athen den Versuch, durch ein Plädoyer diese Anklagepunkte als nichtig zu erweisen. Während er nun im Proömium seiner Verteidigungsrede versucht, den Gegensatz zwischen den Reden der Ankläger und der von ihm selbst zu erwartenden Rede nach Form und Inhalt zu kennzeichnen, äußert er sich zu den lügnerischen Vorwürfen der Anklage folgendermaßen (17a4):

> μάλιστα δὲ αὐτῶν ἓν ἐθαύμασα τῶν πολλῶν ὧν ἐψεύσαντο, τοῦτο ἐν ᾧ ἔλεγον ὡς χρῆν ὑμᾶς **εὐλαβεῖσθαι** μὴ ὑπ᾽ ἐμοῦ ἐξαπατηθῆτε ὡς δεινοῦ ὄντος λέγειν.

Sokrates verwendet an dieser Stelle zum ersten und einzigen Mal in der *Apologie* den Infinitiv Präsens des Verbum simplex εὐλαβεῖσθαι als Vertreter der Wortgruppe um εὐλάβεια, das an dieser Stelle der unpersönlich konstruierten Verbalform χρῆν untergeordnet ist. Der vorherrschenden Kontext behandelt eine von den Anklägern stets vorgebrachte Lüge, die in einer Aufforderung an die Mitbürger gipfelt, vor Sokrates *auf der Hut zu sein*, da dieser – der subjektive Charakter dieser Anschuldigung wird durch die Verwendung der Subjunktion ὡς ausgedrückt – ein gefährlicher Redner sei. Missachtung jenes Ratschlages würde dazu führen, dass die Zuhörer in Gefahr gerieten, von Sokrates getäuscht zu werden. εὐλαβεῖσθαι am Text orientiert mit den Begrifflichkeiten der *Vorsichtnahme* und *Achtsamkeit* zu übersetzen, ist durchaus treffend, die freiere Übersetzung mit dem Begriff der *Warnung* ist, dem Duktus der Stelle entsprechend, noch etwas deutlicher. Beide Übersetzungen sind in sich schlüssig, eine Veränderung der Semantik εὐλάβεια hin zur nachklassischen Bedeutung der *Furcht*, *Scheu* und *Angst* ist wiederum nicht zu finden. Die klassischen Bedeutungen der *Vorsicht* und *Achtsamkeit* sind im Bezug auf das Textverständnis zu konstatieren:

> (…) Am meisten aber war ich erstaunt über eine von den vielen Lügen, die sie vorgebracht haben, über die Warnung nämlich, die sie an euch richteten, ihr solltet euch ja nicht von mir täuschen lassen, denn ich sei ein gewaltiger Redner. (…).

Phaidon[31]

Als zweiten Dialog führt Diogenes Laertios den *Phaidon* auf, der mit fünf zu untersuchenden Textstellen der interessanteste Dialog des γένος ἠθικόν ist. Zeitlich gesehen spielt die Handlung des Dialogs nach dem Tod des Sokrates, inhaltlich allerdings werden die Vorgänge nach der Verurteilung des Sokrates bis zu seinem Tode dem Echekrates aus Phlius auf dessen Bitte hin durch Phaidon wiedergegeben. Dieser berichtet bereitwillig über die Gründe der Verzögerung der Strafvollstreckung und über den Verlauf der Begebenheiten am Todestag. Zunächst erzählt er vom eiligen Eintreffen der Schüler und Freunde des Sokrates im Gefängnis, danach von der Entfernung der bei Sokrates anwesenden Xanthippe und des Kindes. Ausführlich berichtet er über das eigentliche Gespräch, das die Unsterblichkeit der Seele zum Thema hatte, wie man aus dem Untertitel des Dialogs (ἢ περὶ ψυχῆς) entnehmen kann. Bei diesem Gespräch waren folgende Personen im Gefängnis anwesend: Phaidon, Apollodoros, Sokrates, Kebes, Simmias, Kriton, der Türhüter und der Diener der Elfmänner. Während eines kurzen Dialogs zwischen Phaidon und Sokrates innerhalb des gesamten Gespräches kommt es zu folgender Aufforderung des Phaidon und der Warnung von Sokrates (89c9):

> παρακαλῶ τοίνυν, ἔφην, οὐχ ὡς Ἡρακλῆς, ἀλλ᾽ ὡς Ἰόλεως τὸν Ἡρακλῆ.
>
> οὐδὲν διοίσει, ἔφη. ἀλλὰ πρῶτον **εὐλαβηθῶμέν** τι πάθος μὴ πάθωμεν.

Der exhortative Konjunktiv Aorist Passiv von εὐλαβεῖσθαι hat an dieser Stelle die Funktion einer punktuellen Aufforderung. Sokrates spricht nunmehr selbst, wie zuvor bereits in etwas anderem Zusammenhang in der *Apologie* geschehen, eine Warnung an Phaidon und seine restlichen Zuhörer aus, *sich vorzusehen* und *in Acht zu nehmen*, um keine üble Erfahrung zu machen. Von welcher Art die Erfahrung ist, von der Sokrates spricht, wird dem Leser auf Anhieb nicht klar ersichtlich. Πάθος, vor dem gewarnt wird, kann in diesem Zusammenhang den gesamten Bedeutungsinhalt ausfüllen, angefangen bei *Leid*, *Unglück*, *Schmerz* bis hin zu *Leidenskampf*, *Affekt* oder *Empfindung*. Sollte sich die Bedeutung von πάθος wirklich in Richtung der leidvollen Empfindung erstrecken, die Schaden im Bereich der Seele hervorruft, so könnte wohl durchaus die Übersetzung mit *Behutsamkeit*, *Scheu* oder *Furcht* zu vertreten sein. Phaidon muss das gleiche

31 Vgl. dazu Erler (2007) 174–184 mit ausführlichen Literaturhinweisen (608–611).

„Nichtverständnis“ des Begriffes πάθος empfunden haben, da er sich dazu veranlasst sieht, Sokrates um eine Konkretisierung zu bitten (τὸ ποῖον), worauf dieser ihm die Antwort gibt: „μὴ γενώμεθα (…) μισόλογοι, ὥσπερ οἱ μισάνθρωποι γιγνόμενοι (…) γίγνεται δὲ ἐκ τοῦ αὐτοῦ τρόπου μισολογία τε καὶ μισανθρωπία. ἥ τε γὰρ μισανθρωπία ἐνδύεται ἐκ τοῦ σφόδρα τινὶ πιστεῦσαι ἄνευ τέχνης, καὶ ἡγήσασθαι παντάπασί γε ἀληθῆ εἶναι καὶ ὑγιῆ καὶ πιστὸν τὸν ἄνθρωπον, ἔπειτα ὀλίγον ὕστερον εὑρεῖν τοῦτον πονηρόν τε καὶ ἄπιστον, καὶ αὖθις ἕτερον: καὶ ὅταν τοῦτο πολλάκις πάθῃ τις καὶ ὑπὸ τούτων μάλιστα οὓς ἂν ἡγήσαιτο οἰκειοτάτους τε καὶ ἑταιροτάτους, τελευτῶν δὴ θαμὰ προσκρούων μισεῖ τε πάντας καὶ ἡγεῖται οὐδενὸς οὐδὲν ὑγιὲς εἶναι τὸ παράπαν. Aus dieser Antwort wird klar ersichtlich, dass es Sokrates hier vordergründig nicht um eine direkte Schädigung der Seele geht, sondern um einen Verhaltenswandel des Menschen aus schlechten Erfahrungen heraus, der dazu führt, dass beispielsweise der Umgang mit Menschen völlig eingestellt wird, um weitere Enttäuschungen zu vermeiden. Die Semantik von εὐλαβεῖσθαι beschränkt sich auch in diesem Fall wieder auf die für die klassische Zeit üblichen Bedeutungsgruppen der *Vorsichtnahme* und *Achtsamkeit*. Indizien zur Übersetzung mit den Begrifflichkeiten *Furcht* und *Scheu* lassen sich nicht nachweisen:

> (…) So rufe ich dich denn herbei, sagte ich, nicht als Herakles, sondern als Iolaos den Herakles. Das kommt auf dasselbe hinaus, sagte er. Aber zuerst wollen wir uns vorsehen, dass wir nicht eine üble Erfahrung an uns machen. (…).

Von anderer Qualität der Semantik ist die zweite, an Umfang etwas längere Textstelle im *Phaidon*, die ebenso im kurzen Gespräch des Sokrates mit Phaidon über die Gefahr, ein μισόλογος zu werden, zu finden ist. Dort monologisiert Sokrates (90d9):

> πρῶτον μὲν τοίνυν, ἔφη, τοῦτο **εὐλαβηθῶμεν**, καὶ μὴ παρίωμεν εἰς τὴν ψυχὴν ὡς τῶν λόγων κινδυνεύει οὐδὲν ὑγιὲς εἶναι, ἀλλὰ πολὺ μᾶλλον ὅτι ἡμεῖς οὔπω ὑγιῶς ἔχομεν, ἀλλὰ ἀνδριστέον καὶ προθυμητέον ὑγιῶς ἔχειν, σοὶ μὲν οὖν καὶ τοῖς ἄλλοις καὶ τοῦ ἔπειτα βίου παντὸς ἕνεκα, ἐμοὶ δὲ αὐτοῦ ἕνεκα τοῦ θανάτου, ὡς κινδυνεύω ἔγωγε ἐν τῷ παρόντι περὶ αὐτοῦ τούτου οὐ φιλοσόφως ἔχειν ἀλλ’ ὥσπερ οἱ πάνυ ἀπαίδευτοι φιλονίκως.

Wiederum steht ein exhortativer Konjunktiv Aorist von εὐλαβεῖσθαι an dieser Stelle, der die Funktion einer punktuellen Aufforderung, ja sogar Warnung erfüllt, wie sie zuvor schon in 89c9 von Sokrates ausgesprochen worden ist. War es dort eine Warnung davor, eine Art von πάθος zu erleiden, das sich im weiteren Verlauf als eine schlechte Verhaltensweise herausstellte, so ist an dieser Stelle direkt von einer Täuschung die Rede, der der Zutritt in die Seelen verwehrt werden soll. Denn nicht an den Reden ist, nach der Meinung des Sokrates, nichts Gesundes, wie durch die Täuschung den Menschen vorgegaukelt werden soll, sondern den Seelen fehlt es an einer vollständigen Gesundheit, um die man sich ein Leben lang bemühen muss. Nach Sokrates Worten wird demnach der Zustand eines μισόλογος durch das Eindringen der Täuschung in die Seelen bedingt, die in ihnen ein derartiges Verhalten initiiert. Die Aufgabe des Menschen besteht daher umso mehr darin, nicht nur *achtsam* und *vorsichtig* vorzugehen, sondern *behutsam* und *gewissenhaft* den Mitteln der Täuschung entgegenzugehen. Es bleibt festzuhalten, dass in diesem Kontext der übliche, für die klassische Zeit gültige Bedeutungsgehalt der εὐλάβεια zwar generell zu belegen ist, eine Erweiterung allerdings in die Richtung der *Gewissenhaftigkeit* und der Vorstufe der *Angst*, der inneren *Scheu* und der *Furcht* ebenso Sinn gibt:

> (…) Er aber sagte, zuerst also wollen wir uns hüten vor der Täuschung, als ob an den Reden überhaupt nichts Gesundes wäre, und wollen ihr keinen Zutritt in unsere Seelen gestatten, vielmehr glauben, dass wir selbst noch nicht die volle Gesundheit besitzen, aber uns wacker um ihren Besitz bemühen und anstrengen müssen, du und die anderen auch noch in Rücksicht auf euer ganzes weiteres Leben, ich aber eben des Todes wegen. Denn ich fürchte fast, dass ich eben in Beziehung hierauf mich augenblicklich nicht als wahren Philosophen zeige, sondern als rechthaberisch wie Leute ohne eine Spur von Bildung. (…).

Unter diesen Voraussetzungen ist auch die dritte Textstelle, ebenso ein Teil des sokratischen Monologes, zu behandeln. In ihr wird das vorher von Sokrates Erläuterte nochmals auf den Punkt gebracht (91b8):

> ὑμεῖς μέντοι, ἂν ἐμοὶ πείθησθε, σμικρὸν φροντίσαντες Σωκράτους, τῆς δὲ ἀληθείας πολὺ μᾶλλον, ἐὰν μέν τι ὑμῖν δοκῶ ἀληθὲς λέγειν, συνομολογήσατε, εἰ δὲ μή, παντὶ λόγῳ ἀντιτείνετε, **εὐλαβούμενοι** ὅπως μὴ ἐγὼ ὑπὸ προθυμίας ἅμα ἐμαυτόν τε καὶ ὑμᾶς ἐξαπατήσας, ὥσπερ μέλιττα τὸ κέντρον ἐγκαταλιπὼν οἰχήσομαι.

Das Partizip Präsens von εὐλαβεῖσθαι wird hier in Abhängigkeit von ἀντιτείνετε in subjunktionaler Konstruktion verwendet. Sokrates, der seinen Zuhörern Anweisungen für das Gespräch gibt, fordert diese auf, allen wahr erscheinenden Aussagen zuzustimmen, sich den gegenteilig erscheinenden aber zu widersetzen. Sie sollen sich als εὐλαβούμενοι zeigen, die der Gefahr der Täuschung, die von unwahr erscheinenden Argumenten ausgeht, mit allen Mitteln der Beweisführung entgegengehen müssen. Von welcher Art Täuschung Sokrates spricht, wird auf den ersten Blick nicht erkennbar. Auf den zweiten Blick, der den Kontext des bereits vorher beginnenden Dialogs mit Phaidon miteinschließt, wird ersichtlich, dass es eine Wiederholung der bereits ausgesprochenen Warnungen vor einer Täuschung durch Reden ist, die wie in 90d9 eine Gefährdung des Seelenzustandes mit sich führt. Die Flexionsform von εὐλαβεῖσθαι ist somit durchaus erneut in der klassischen Form der *Achtsamkeit* und *Vorsichtnahme* wiederzugeben als auch nachklassisch mit *Behutsamkeit* und *Gewissenhaftigkeit* zu übersetzen. Eine ansatzweise Veränderung der klassischen Semantik hinsichtlich einer inneren Haltung scheint daher nachweisbar:

> (...) Ihr aber müsst euch, wenn ihr mir folgen wollt, wenig um den Sokrates kümmern, desto mehr aber um die Wahrheit. Wenn ich also etwas sage, was euch wahr zu seien scheint, so stimmt mir bei; wo nicht, so kämpft mit jedem Beweismittel dagegen an und hütet euch wohl, dass ich nicht in meinem Eifer mich selbst und euch täusche und wie eine Biene den Stachel in euch zurücklassend davonfliege. (...).

Die vierte Textstelle des *Phaidon* findet sich etwas später in 99d5. Dort äußert sich Sokrates im direkten Gespräch mit Kebes über die begriffliche Betrachtung der Dinge folgendermaßen:

> ἔδοξε τοίνυν μοι, ἦ δ᾽ ὅς, μετὰ ταῦτα, ἐπειδὴ ἀπειρήκη τὰ ὄντα σκοπῶν, δεῖν **εὐλαβηθῆναι** μὴ πάθοιμι ὅπερ οἱ τὸν ἥλιον ἐκλείποντα θεωροῦντες καὶ σκοπούμενοι πάσχουσιν: διαφθείρονται γάρ που ἔνιοι τὰ ὄμματα, ἐὰν μὴ ἐν ὕδατι ἤ τινι τοιούτῳ σκοπῶνται τὴν εἰκόνα αὐτοῦ.

Der hier verwendete Infinitiv Aorist εὐλαβηθῆναι steht in direkter Abhängigkeit von δεῖν (Infinitiv Präsens), welches wiederum von der finiten Verbalform ἔδοξε abhängt. Absolut notwendig erscheint es Sokrates, nach dem Lossagen von der Betrachtung der gegebenen Dinge, sich in dieser neuen Situation punktuell als εὐλαβηθῆναι zu zeigen, um nicht dasselbe zu erleiden, wie jene, die direkt in eine Sonnenverfinsterung hineinsehen oder diese sogar beobachten. Demnach müsste die flektierte Form von εὐλαβεῖσθαι mit *Achtsamkeit* und *Vorsichtnahme* zu übersetzen sein, da es in diesem Kontext um Gefahren der rein äußerlichen Schadensnahme geht, wie es der Vergleich impliziert. Doch ist dies nur die halbe Wahrheit, da Sokrates folgende Worte hinzufügt: (...) τοιοῦτόν τι καὶ ἐγὼ διενοήθην, καὶ ἔδεισα μὴ παντάπασι τὴν ψυχὴν τυφλωθείην βλέπων πρὸς τὰ πράγματα τοῖς ὄμμασι καὶ ἑκάστῃ τῶν αἰσθήσεων ἐπιχειρῶν ἅπτεσθαι αὐτῶν (...). Für ihn liegt die Gefahr nicht in der möglichen Schädigung der Augen, sondern bei Betrachtung dieser Dinge in der Blendung der Seele. Der Schaden ist kein Äußerer, vor dem man sich *in Acht nehmen* muss, sondern ein Innerer, für den es gilt, um ihn nicht zu erleiden, *behutsam* und *gewissenhaft* vorzugehen. Die klassische Semantik von εὐλάβεια ist in dieser Textpassage nur schwer wiederzufinden, so dass es sich anbietet, die nachklassischen Bedeutungen anzuwenden, die den wahren Gehalt besser hervorheben.

> (...) Nachdem ich mich also, erwiderte Sokrates, daraufhin von der Betrachtung der gegebenen Dinge losgesagt hatte, schien mir alle Vorsicht geboten, mich vor dem Schicksal derjenigen zu bewahren, die die Sonne bei ihrer Verfinsterung anschauen und beobachten; büßen doch manche das Augenlicht ein, wenn sie nicht das Bild derselben im Wasser oder sonst einer spiegelnden Fläche betrachten. (...).

Relativ normal konstruiert erscheint die fünfte und letzte Textstelle im *Phaidon*. Diese, in 101b9 beginnend, besteht aus einer Frage des Sokrates an Kebes:

> (...) τί δέ; ἑνὶ ἑνὸς προστεθέντος τὴν πρόσθεσιν αἰτίαν εἶναι τοῦ δύο γενέσθαι ἢ διασχισθέντος τὴν σχίσιν οὐκ **εὐλαβοῖο** ἂν (...).

Der als Frage formulierte Potentialis Präsens εὐλαβοῖο drückt eine allgemein gültige Haltung aus. Sokrates fragt Kebes, ob er sich nicht, wenn eine bestimmte Bedingung zuträfe, als εὐλαβεῖσθαι zeigen dürfte und die Behauptung aufzustellen würde, ein anderes (unmöglich eintretendes) Ereignis ereignete sich doch. Die Form von εὐλαβεῖσθαι ist hier eindeutig im klassischen Sinn von *Achtsamkeit* und *Vorsichtnahme* wiederzugeben, da bei Nichtbeachtung einzig und allein die Gefahr einer falschen Meinungsbildung besteht, die weder Leib noch Leben bedroht noch Gefahren für die Seele des Menschen initiiert. Indizien für den nachklassischen Bedeutungswandel sind nicht aufzufinden:

> (…) Wie nun? Wenn Eins zu Eins hinzugesetzt wird, würdest du dich da nicht hüten zu sagen, die Hinzusetzung sei die Ursache davon, dass es nun Zwei geworden sind, und wenn es gespalten wird, dass die Spaltung die Ursache sei? (…).

Phaidros[32]

Die dritte Stelle der Dialogaufzählung des γένος ἠθικόν nach Diogenes Laertios nimmt der *Phaidros* ein, in dem es thematisch um die Liebe geht, wie aus seinem Untertitel (ἢ περὶ ἔρωτος) zu erfahren ist. Da Platon wohl die Überlegenheit der wissenschaftlichen oder philosophischen Bildung über die in der Rhetorenschule vermittelte erweisen wollte und dabei die rhetorische Technik mit Geringschätzung behandelte, ließ er im *Phaidros* den gefeierten Führern der zwei Hauptrichtungen rednerischer Kunst, Lysias und Isokrates, wie unreifen Jünglingen Weisungen aus dem Mund des Sokrates erteilen, eine Prunkrede des Lysias durch Sokrates zerpflücken und sie durch zwei von Sokrates selber vorgetragene Reden über dasselbe Thema übertrumpfen. Das Gespräch beginnt mit der Begegnung von Sokrates und dem jungen Phaidros, der gerade von einer Diskussion mit Lysias kommt, die den ganzen Morgen gedauert hatte. Thema, mit dem man sich befasst hatte, war die Liebe. Sokrates, ganz versessen darauf, über die Auslegungen des Lysias zu hören, schließt sich Phaidros auf seinem Spaziergang vor den Stadtmauern an und lässt sich daüber aus dem Gedächtnis des Phaidros in Kenntnis setzen (227a–230e). Es kommt in der Folge zu insgesamt drei Reden, von denen die erste die nacherzählte Rede des Lysias ist, die beiden anderen Gegenreden des Sokrates über dasselbe Thema sind. Nach der Kritik des Sokrates an der Lysiasrede kommt es nun zur Aufforderung des sich vermeintlich zierenden Sokrates, die da lautet (236b9):

> (...) Φαῖ: περὶ μὲν τούτου, ὦ φίλε, εἰς τὰς ὁμοίας λαβὰς ἐλήλυθας. ῥητέον μὲν γάρ σοι παντὸς μᾶλλον οὕτως ὅπως οἷός τε εἶ, ἵνα μὴ τὸ τῶν κωμῳδῶν φορτικὸν πρᾶγμα ἀναγκαζώμεθα ποιεῖν ἀνταποδιδόντες ἀλλήλοις **εὐλαβήθητι**, καὶ μὴ βούλου με ἀναγκάσαι λέγειν ἐκεῖνο τὸ 'εἰ ἐγώ, ὦ Σώκρατες, Σωκράτην ἀγνοῶ, καὶ ἐμαυτοῦ

32 Vgl. dazu Erler (2007) 215–223 mit ausführlichen Literaturhinweisen (628–633).

ἐπιλέλησμαι,' καὶ ὅτι 'ἐπεθύμει μὲν λέγειν, ἐθρύπτετο δέ.
(...)

Die Schwierigkeit an dieser Textstelle liegt nicht so sehr in der Bedeutungsvielfalt des Imperativ Aorist von εὐλαβεῖσθαι, der eine punktuelle Aufforderung beinhaltet, sondern vielmehr an der Textüberlieferung. So ist εὐλαβήθητι von Cobet als nicht zutreffend in diesem Textzusammenhang ausgeschlossen worden, obwohl die Handschriften die Verbalform eindeutig belegen. Diese Entscheidung ist nicht unzweiflehaft, da sich syntaktisch durchaus eine ausgewogene Gestaltung der Textpassage ergibt, wenn nach ἀλλήλοις das Ende des Satzes zu sehen ist. Sollte diese Voraussetzung erfüllt sein, würden die folgenden Imperativformen von εὐλαβεῖσθαι und βούλεσθαι durch den Verbindungsartikel καί korrelieren und die Aufforderung des Phaidros gewichtiger und dringlicher erscheinen lassen.

Semantisch lassen sich nur wenige Beobachtungen machen, die allerdings nicht auf eine nachklassische Bedeutungserweiterung des Begriffes εὐλαβεῖσθαι hinweisen. Wiederum wird in dieser Passage eine Warnung ausgesprochen, die sich hier allerdings unmittelbar auf das sich vermeindlich zierende und über die Wahrheit hinweg täuschende Verhalten des Sokrates bezieht. Dadurch könnte Phaidros veranlasst werden, von seinem Gesprächspartner eine auch für ihn selbst befremdliche Aussage verlauten zu lassen. Die Gefährdung liegt hierbei einzig und allein in der Täuschung, die aber an dieser Stelle keinen Bezug auf die Seele nimmt. Eine Übersetzung mit den klassisch belegten Begrifflichkeiten *Achtsamkeit* und *Vorsichtnahme* ist daher durchaus treffend und überaus zufriedenstellend:

> (…) Phaidr.: Was das betrifft, mein Lieber, bist du in die eigene Grube gefallen. Denn die Rede musst du jedenfalls halten, so gut du eben kannst, damit wir nicht zu dem albernen Spaß genötigt sind, wie Schauspieler in der Komödie uns unsere Worte zurückzugeben. (Sei vorsichtig und) Nötige mich, bitte, nicht zu sagen: „Mein Sokrates, wenn ich den Sokrates nicht kenne, so weiß ich auch von mir selbst nichts mehr“ und „es war sein sehnsüchtiges Verlangen zu reden, doch tat er zimperlich.“ (…).

Symposium[33]

Nach der Textstelle aus dem *Phaidros* folgen in der Dialogordnung des Diogenes Laertios zwei Stellen des *Symposions* als viertem Vertreter des γένος ἠθικόν. In diesem, hauptsächlich als Redeagon innerhalb eines Trinkgelages konzipierten Werk Platons geht es laut Untertitel des Dialogs um das Gute (ἢ περὶ ἀγαθοῦ).

Der äußere Rahmen des Dialogs wird durch die Erzählung des Apollodoros von Phaleron gestaltet, der mit einigen Freunden zusammentrifft und um nähere Auskunft über ein Gastmahl gebeten wird, das der junge Tragödiendichter Agathon vor einiger Zeit anlässlich seines ersten tragischen Sieges veranstaltet hatte. Apollodoros, der selbst nicht an der Feier teilgenommen hat, erklärt sich gerne bereit, darüber zu berichten, da er zufällig erst vor kurzer Zeit einem gewissen Glaukon ausführlich von den damals dort gehaltenen Reden berichten konnte. Er selbst hatte von Aristodemos, einem Freund des Sokrates und Teilnehmer an besagtem Gastmahl, darüber ausführlich Mitteilung bekommen. Teilnehmer waren ursprünglich Aristodemos, der eigentliche Erzähler, Sokrates, der zwar nicht geladen war, aber von Aristodemos dennoch mitgenommen wurde, Agathon, der Ausrichter des Symposions, Phaidros, Pausanias, Eryximachos, Aristophanes, Alkibiades und einige stumme Zuhörer. Als nach der Mahlzeit das eigentliche Gelage beginnen sollte, beschloss man, auf Anregung des Pausanias und des Arztes Eryximachos zunächst von jedem Trinkzwang abzusehen, da die große Siegesfeier am Tag zuvor doch erhebliche Nachwehen mit sich gebracht hatte. Eryximachos, der für ein vernünftiges Maßhalten plädierte, schlug anstelle des Trinkens vor, über ein gestelltes Thema reihum jeden eine Rede halten zu lassen, und empfahl als geeignetes Thema auf Anregung des Phaidros eine Lobrede auf den Gott Eros, der bisher in der Dichtung sowie in der Kultusverehrung generell noch zu kurz weggekommen war. Dieser Vorschlag, der einstimmigen Beifall erhielt, wurde in sechs verschiedene Reden umgesetzt. In ihnen lassen sich zwei Textstellen finden, die Flexionsformen von εὐλαβεῖσθαι enthalten, deren erste in der Rede des Eryximachos auszumachen ist. Dort heißt es aus dem Mund des Arztes über die doppelte Form des Eros (187e1):

> (...) ὁ δὲ Πολυμνίας ὁ πάνδημος, ὃν δεῖ εὐλαβούμενον προσφέρειν οἷς ἂν προσφέρῃ, ὅπως ἂν τὴν μὲν ἡδονὴν

33 Vgl. dazu Erler (2007) 192–201 mit ausführlichen Literaturhinweisen (615–619).

> αὐτοῦ καρπώσηται, ἀκολασίαν δὲ μηδεμίαν ἐμποιήσῃ, ὥσπερ ἐν τῇ ἡμετέρᾳ τέχνῃ μέγα ἔργον ταῖς περὶ τὴν ὀψοποιικὴν τέχνην ἐπιθυμίαις καλῶς χρῆσθαι, ὥστ' ἄνευ νόσου τὴν ἡδονὴν καρπώσασθαι. (...)

Die sich hier bietende Flexionsform εὐλαβούμενον (Akkusativ des Partizip Präsens) steht in direkter Abhängigkeit des unpersönlichen Ausdrucks δεῖ in der Konstruktion eines AcI. Durch die präsentische Partizipialform wird die Allgemeingültigkeit der Aussage betonend in den Vordergrund gestellt. Diese besteht im Ratschlag, man müsse sich als ein εὐλαβούμενον zeigen, wenn man versuche, den Allerweltseros den Menschen näher zu bringen, um nicht der Zügellosigkeit zu verfallen. εὐλαβούμενον sollte demnach mit den Begrifflichkeiten der *vorsichtigen, umsichtigen* oder auch *behutsamen* Verhaltensweise gegenüber anderen Personen übersetzt werden, mit der Zielsetzung, diesen keinen Schaden zuzufügen. εὐλαβεῖσθαι ist in dieser Textpassage nicht, wie zuvor häufiger gesehen, in reflexiver, sondern in der ebenfalls klassisch belegten transitiven Bedeutung zu verstehen. Eine Bedeutungswandlung ist dennoch nicht festzustellen:

> (…) Der Begleiter der Polymnia dagegen ist der Allerweltseros, mit dem man vorsichtig sein muss gegenüber denen, welchen man diesen entgegenbringt, damit man die von ihm gebotene Lust genieße, ohne doch dadurch der Zügellosigkeit Eingang zu verschaffen; ähnlich wie in unserer Kunst, wo es viel besagen will gegenüber der die Kochkunst betreffenden Begierde, das rechte Verfahren einzuhalten, dergestalt, dass man die Lust ohne Krankheit einernte. (…).

Die zweite flektierte Form von εὐλαβεῖσθαι findet sich in der Lobrede des Alkibiades auf Sokrates, in der er folgendes über die Eigenarten des Sokrates dem Agathon gegenüber äußert (222b4):

> (...) ἃ δὴ καὶ σοὶ λέγω, ὦ Ἀγάθων, μὴ ἐξαπατᾶσθαι ὑπὸ τούτου, ἀλλ' ἀπὸ τῶν ἡμετέρων παθημάτων γνόντα **εὐλαβηθῆναι**, καὶ μὴ κατὰ τὴν παροιμίαν ὥσπερ νήπιον παθόντα γνῶναι. (...)

Platon lässt in dieser Passage Alkibiades die Warnung an Agathon aussprechen, er solle sich nicht von Sokrates täuschen lassen, sondern jetzt ein für alle Mal, nachdem er von den Leiden des Alkibiades erfahren hatte, sich als εὐλαβηθῆναι zeigen. In diesem Kontext muss εὐλαβεῖσθαι eindeutig mit den klassisch belegten Begrifflichkeiten *sich in Acht nehmen vor* und *auf der Hut sein vor* übersetzt werden. Der fehlende Akkusativ nach εὐλαβηθῆναι ist leicht durch das Substantiv Σωκράτης zu ergänzen.

Der Schaden, den bei Missachtung der Warnung Agathon erleiden werde, dürfte den von Alkibiades selbst so genannten Leiden stark ähneln. Eine semantische Verschiebung ist anhand dieser Stelle nicht nachzuweisen:

> (…) Dies sage ich denn auch dir zur Warnung, mein Agathon: Laß dich nicht von ihm täuschen, sondern laß dich durch unser Leiden warnen, um nicht erst wie die Toren, wie das Sprichwort sagt, durch Schaden klug zu werden. (…).

Epistulae[34]

Die fünfte und vorletzte Gruppe innerhalb der moralphilosophischen Dialoge bildet die teilweise sehr umstrittene Sammlung von platonischen Briefen, die insgesamt sechs relevante Textstellen bietet: Brief II (zwei Textstellen), Brief III (eine Textstelle), Brief VII (eine Textstelle), Brief VIII (eine Textstelle) und Brief XIII (eine Textstelle).

Unter den Platon zugeschriebenen Briefen können einige mit guten Gründen der Älteren Akademie zugewiesen werden (eine Briefsammlung lag schon im dritten Jahrhundert vor[35]). So stellen sich die unechten Briefe IV und V mit den an Dion gerichteten Warnungen und mit der Einflussnahme auf die makedonische Monarchie den verwandten brieflichen Äußerungen Speusipps[36] ebenso an die Seite, wie sie mit der Fiktion einer aktiven Unterstützung von Dions Sizilienzug seitens Platon dem tatsächlichen Verhalten Speusipps entsprechen. Der den siebten Brief verarbeitende zweite deutet eine im Einzelnen schwer zu bestimmende hierarchische Seinsordnung an (312d), die bei Speusipp und Xenokrates Parallelen findet. Allerdings ist auch eine Entstehung in der Ära des sich um die Zeitenwende erneuernden Platonismus nicht ganz auszuschließen. Die Diskussion um die Echtheit des siebten Briefes hält bis heute an, doch sind durchschlagende Beweise für die Unechtheit bisher nicht erbracht worden.

Die ersten zwei zu untersuchenden flektierten Verbalformen von εὐλαβεῖσθαι befinden sich im zweiten Brief, der an Dionysios gerichtet ist. Dort heißt es über die Schriftstücke, die Platon durch Archedamos an Dion senden wird (314a1):

34 Vgl. dazu Erler (2007) 308–322 mit ausführlichen Literaturhinweisen (669–672).

35 Diog. Laert. III,62: πέμπτην Κρίτων, Φαίδων, Ἐπιστολαί.

36 Plut. mor. 29,70A

> (...) **εὐλαβοῦ** μέντοι μή ποτε ἐκπέσῃ ταῦτα εἰς ἀνθρώπους. (...)

Platon verwendet in diesem Zusammenhang den Imperativ Präsens εὐλαβοῦ in der Funktion einer allgemeingültigen Warnung. Dionysios solle sich stets davor *in Acht nehmen* oder *hüten*, dass diese Schriftstücke in die Hände ungebildeter Menschen fallen, denen diese Belehrungen lächerlich vorkommen könnten. Die Gefahr liegt demnach darin, dass der Inhalt der Schriftstücke falsch verstanden und von der breiten Masse nicht ernst genommen würde. Die klassische Semantik von εὐλαβεῖσθαι lässt sich hier in der gleichen Art problemlos nachweisen, wie sie zuvor schon häufiger im Kontext einer ausgesprochenen Warnung vorzufinden war:

> (…) Sieh dich aber vor, dass diese Schriftstücke nicht in die Hände ungebildeter Leute fallen. (…).

In ähnlichem Sinne ist demnach auch die zweite Textstelle zu verstehen, in der Platon wenige Zeilen später zusammenfassend schreibt (314b5):

> (...) πρὸς ταῦτ' οὖν σκοπῶν **εὐλαβοῦ** μή ποτέ σοι μεταμελήσῃ τῶν νῦν ἀναξίως ἐκπεσόντων. (...)

Da es sich um eine Wiederholung der ersten Warnung Platons an Dion handelt und die Semantik des Imperativ Präsens εὐλαβοῦ dieselbe ist wie zuvor, bedarf es wohl keinerlei weiterer Ausführungen:

> (…) Dies nimm dir zu Herzen und sieh dich vor, dass du nicht etwa später einmal es zu bereuen haben wirst, jetzt so nichtswürdige Gedanken gesetzt zu haben. (…).

Die dritte zu untersuchende Textstelle befindet sich im dritten Brief, der ebenfalls an Dionysios gerichtet ist. Dort schreibt Platon im Kontext seiner Verteidigung, sich mit Recht aller Staatsgeschäfte enthalten zu haben (316d6):

> (...) μῶν οὐχ ὅπερ ἐποίουν ἀναγκαῖον, ἐκ τῶν λοιπῶν τὰ μὲν πολιτικὰ χαίρειν ἐᾶν, **εὐλαβούμενον** τὰς ἐκ τῶν φθόνων διαβολάς, ὑμᾶς δὲ πάντως, καίπερ ἀλλήλων χωρὶς γεγονότας καὶ διαφόρους ὄντας, πειρᾶσθαι φίλους ἀλλήλοις ὅτι μάλιστα ποιεῖν; (...)

Die im Akkusativ des Partizip Präsens stehende Flexionsform εὐλαβούμενον hängt indirekt von ἐποίουν als übergeordnetem Hauptverbum ab und bezieht sich auf das im Nebensatz als Akkusativobjekt zu ergänzende Subjekt des Hauptsatzes Πλάτων. Dieser berichtet davon, getan zu haben, was in der damaligen Lage zu tun war: Sich allen politischen Tätigkeiten zu enthalten, wenn er sich nur für sich selbst als ein εὐλαβούμενον vor Verleumdungen erweisen kann. εὐλαβεῖσθαι bezieht sich im Zusammenhang auf die drohenden Anfeindungen durch Missgönner und sollte mit den Begrifflichkeiten der *Achtsamkeit* und *Vorsicht* im klassischen Verständnis übersetzt werden, deren Fehlen wohl zu Gefährdungen des eigenen Lebens führen würde. Nachklassische Bedeutungen sind demnach weniger vertretbar und sollten deshalb nicht in Erwägung gezogen werden:

> (…) Was sollte ich in einer solchen Lage tun? Doch wohl nichts anderes, als was ich wirklich tat: es bleib mir gar nichts anderes übrig, als mich jeder politischen Tätigkeit zu enthalten, um nicht der Verleumdungen ausgesetzt zu sein, die unzertrennlich sind von Missgunst, dagegen alles daran zu setzen, euch beiden (scil. Dionysios und Dion) wieder in möglichst enger Freundschaft zu vereinen, obgleich ihr voneinander getrennt seid und im Streit liegt. (…).

Der siebte Brief, nach Inhalt und Umfang das Hauptstück der ganzen Sammlung, richtet sich seinem Adressaten nach an die Verwandten und Freunde Dions und bietet eine Fülle von autobiographischen Angaben über Platons Leben und Wirken. Die für diese Arbeit relevante Textstelle befindet sich fast am Ende des Briefes, der vom letzten Abschnitt in Dions Leben handelt. Dort äußert sich Platon über dessen Verhalten mit folgenden Worten (351c6):

> (…) ἃ δὴ δίων νῦν πράττων, προτιμήσας τὸ πάσχειν ἀνόσια τοῦ δρᾶσαι πρότερον, **διευλαβούμενος** δὲ μὴ παθεῖν, ὅμως ἔπταισεν ἐπ' ἄκρον ἐλθὼν τοῦ περιγενέσθαι τῶν ἐχθρῶν, θαυμαστὸν παθὼν οὐδέν. (...)

Das Kompositum διευλαβεῖσθαι ist ein verstärkendes εὐλαβεῖσθαι, das im klassischen Sinn mit *sehr großer Achtsamkeit* und *großer Vorsicht* im Deutschen zu übersetzen ist. An dieser Stelle steht es im Partizip Präsens, das direkt mit der Partikel ὅμως korreliert, und somit konzessiven Sinn besitzt. Die Verwendung des Präsens lässt auf den konativen Aspekt hinweisen, der zum Ausdruck gebracht werden soll. Dion, der am Ende seines Lebens mehr darauf bedacht war, ἀνόσια erleiden zu wollen als zu verüben, kam dennoch zu Fall, obwohl er immer versuchte, ein διευλαβούμενος δὲ μὴ ἀνόσια παθεῖν zu sein. Die Bedeutung des Kompositums dürfte an dieser Stelle im klassischen Sinne zu suchen und zu finden sein, da die äußere Gefahr um Leib und Leben, der Dion ja schließlich doch zum Opfer gefallen war, im Vordergrund steht. Mag zwar die innere Gefahr für die Seele durch das ἀνόσια παθεῖν mit ins Gewicht fallen, ist der Verlust des Lebens dennoch durch äußere Gewalteinwirkung zu verzeichnen gewesen. All diese Indizien sprechen demnach gegen eine bereits einsetzende Bedeutungswandlung:

> (…) Auf diesem Weg befand sich jetzt Dion, weil er doch lieber Greuel über sich ergehen lassen wollte als es selbst zu verüben, aber, obwohl er sich immerzu versuchte vorzusehen, dies zu erleiden, kam er dennoch zu Fall, gerade als er an dem Punkt anlangte, an dem er sicher war, über die Feind zu triumphieren, was allerdings nichts Unerhörtes ist. (…).

Eine weitere Textstelle liefert der achte Brief, der wie der siebte Brief an die Verwandten und Freunde Dions gerichtet ist. Inhaltlich versucht Platon, in ihm Ratschläge zu erteilen, durch welche die angespannte Lage Siziliens, das sich nach der Ermordung Dions in großem Chaos befand, gemildert werden könnte. So ist die folgende Passage gleichzeitig auch Beispiel eines solchen Ratschlags (354d1):

> (...) τοῖς δὲ δὴ ἐλεύθερα διώκουσιν ἤθη καὶ φεύγουσιν τὸν δούλειον ζυγὸν ὡς ὂν κακόν, **εὐλαβεῖσθαι** συμβουλεύοιμ᾽ ἂν μή ποτε ἀπληστίᾳ ἐλευθερίας ἀκαίρου τινὸς εἰς τὸ τῶν προγόνων νόσημα ἐμπέσωσιν, ὃ διὰ τὴν ἄγαν ἀναρχίαν οἱ τότε ἔπαθον, ἀμέτρῳ ἐλευθερίας χρώμενοι ἔρωτι. (...)

Der vorliegende Infinitv Präsens εὐλαβεῖσθαι ist durch die Abhängigkeit vom übergeordneten Hauptverbum συμβουλεύοιμ᾽ ἄν, das in der Konstruktion eines Potentialis steht, zu erklären. Platon gibt in dieser Passage allen unterdrückten Menschen Siziliens den Rat, nicht aus Wut und Abneigung über ihre sklavische Lebensweise den gleichen Fehler, den schon ihre Vorfahren gemacht haben, wieder zu begehen. Sie sollen sich als εὐλαβεῖσθαι zeigen, was am besten mit den für die klassische Zeit üblichen Begrifflichkeiten *sich in Acht nehmen vor* und *vorsichtig sein* im Deutschen zu übersetzen ist. Die bestehende Gefahr bei Nichtbeachten des Ratschlags liegt darin, dass die Sizilier in unmäßige Gier nach Freiheit verfallen könnten, wodurch die anarchischen Verhältnisse nicht aufgehoben, sondern nur umgewandelt würden. Die Folge wäre daher der wahrscheinliche Untergang vieler Einwohner Siziliens. Indizien, die einen nachklassischen Bedeutungswandel an dieser Stelle rechtfertigen, sind auf Grund der rein äußeren Gefährdung nicht aufzufinden:

> (...) Andererseits geht mein Rat an diejenigen, welche einer freien Lebensführung zustreben und das Sklavenjoch als eine Entehrung von sich fernhalten wollen, dahin, sich zu hüten, in ihrem unersättlichen Hunger nach einer unzeitgemäßen Freiheit in die Krankheit ihrer Vorfahren zu verfallen, die infolge ihrer übertriebenen Abneigung gegen jede Regierung über sie hereinbrach, eine böse Frucht ihrer maßlosen Freiheitsliebe. (...).

Die sechste und letzte Textstelle, die in den Briefen vorzufinden war, bietet sich im letzten Brief der Sammlung. In diesem dreizehnten Brief, der an Dionysios von Syrakus adressiert ist, schlägt Platon zu Beginn Dionysios vor, mit einem gewissen Helikon zusammenzukommen und rät ihm, diesen in einem Gespräch genauer unter die Lupe zu nehmen (360d6):

> (...) σκόπει δὲ καὶ αὐτὸς καὶ εὐλαβοῦ. (...)

Der von Platon hier erteilte Ratschlag, welcher in der imperativen Formulierung εὐλαβοῦ gipfelt, ist eine allgemeingültige Warnung an Dionysios, stets das richtige Urteil zu finden. Als Übersetzung von εὐλαβεῖσθαι bieten sich hier die klassischen Varianten der *Achtsamkeit* und *Vorsicht* an, die das Verhalten des Dionysios im Umgang mit Helikon bezeichnen sollen. Die Gefahr, die bei unüberlegter Prüfung eintreten kann, ist die der Täuschung in der Person des Helikon, der, da ja Mensch, stets dem Wandel unterlegen ist, so dass sich seine, von Platon als anständig und aufrecht erfahrene Gesinnung schnell auch ins Gegenteil wandeln kann. Vor einer leichtfertigen Aufnahme des Helikons muss sich demnach Dionysios *in Acht nehmen*:

> (...) Prüfe du ihn auch selbst und sei vorsichtig. (...).

Philebos[37]

Der letzte zu betrachtende Dialog des γένος ἠθικόν, der zwei relevante Textstellen bietet, ist der *Philebos*. Seinem Inhalt nach handelt er von der Lust, wie aus dem Untertitel (ἢ περὶ ἡδονῆς) zu entnehmen ist. Zu Beginn des Gesprächs erfährt man aus dem Mund des Sokrates, dass dieser Dialog die unmittelbare Fortsetzung eines längere Zeit schon im Gang befindlichen Redekampfes zwischen Philebos und Sokrates ist. Philebos, durch den

37 Vgl. dazu Erler (2007) 253–262 mit ausführlichen Literaturhinweisen (648–651).

Disput ermüdet, überlässt die Fortführung desselben Protarchos, der mit einigen jungen Männern anwesend ist. Die Frage, um die sich der Streit gedreht hat, ist die nach dem wahren Gut des Menschenlebens. Als das wahre Gut hat Philebos, dessen Meinung nun Protarchos vertritt, die Lust und alles, was mit ihr verwandt ist, Sokrates dagegen die Einsicht, Vernunft und alles, was mit ihnen verwandt ist, verteidigt. Aus diesen kontroversen Ansichten entwickelt sich das weitere Gespräch zwischen Sokrates und Protarchos. Während man über das Vorgehen der weiteren Untersuchungen diskutiert, äußert sich Sokrates folgendermaßen (23c1):

> Σω.: τὴν δέ γε ἀρχὴν αὐτοῦ **διευλαβεῖσθαι** πειρώμεθα τιθέμενοι.

Platon legt Sokrates in dieser Textstelle den Infinitiv Präsens des Kompositums διευλαβεῖσθαι in den Mund, das seiner Aussage nach als allgemein gültig anzusehen ist und in Abhängigkeit zum übergeordneten Hauptverbum πειρώμεθα steht. Der exhortative Konjunktiv des Verbums πειρᾶσθαι fungiert seiner Form nach als Aufforderung, etwas zu unternehmen. Diese Unternehmung wird durch διευλαβεῖσθαι konkretisiert, wobei der Unterschied zwischen εὐλαβεῖσθαι und διευλαβεῖσθαι einzig in der Verstärkung des Aussagegehalts liegt. Sokrates weist Protarchos darauf hin, den Ausgangspunkt der Untersuchung festzulegen und dabei zu versuchen, sich als διευλαβεῖσθαι zu zeigen, was im Deutschen am besten mit den Begrifflichkeiten der *Vorsicht* und *Achtsamkeit* wiederzugeben ist. Als Gefahr bei unachtsamem Verhalten wäre anzunehmen, dass die Diskussion, bereits die falsche Grundlage nehmend, an sich in falsche Bahnen gelenkt wird, so dass das vermeintliche Ergebnis verfälscht wird. Da die Gefährdung, von der hier unterbewußt gesprochen wird, allerdings eine rein äußerliche ist, offenbaren sich keinerlei Indizien für eine Bedeutungserweiterung, deren Vollzug im ersten Jahrhundert nach Christus abgeschlossen war:

> Sok.: Vor allem wollen wir versuchen, den Ausgangspunkt unserer Untersuchung mit aller erdenklicher Vorsicht zu bestimmen. (…).

Eine weitere Stelle, die in gleicher Weise zu verstehen ist wie 23c1, findet sich in einem etwas späteren Teil des Dialogs, in dem das eigentliche Hauptgespräch über die Lust bereits begonnen hat. Dort gibt Sokrates Protarchos folgendes über die alltäglichen ἡδοναί, von denen bekannt ist, dass sie als die körperlichen ἡδοναί zugleich auch die stärksten sind, zu bedenken (45a6):

> Πρώ.: πῶς γὰρ οὔ;
>
> Σω.: πότερον οὖν καὶ μείζους εἰσὶ καὶ γίγνονται περὶ τοὺς κάμνοντας ἐν ταῖς νόσοις ἢ περὶ ὑγιαίνοντας; **εὐλαβηθῶμεν** δὲ μὴ προπετῶς ἀποκρινόμενοι πταίσωμέν πῃ. (...)

Der exhortative Konjunktiv Aorist von εὐλαβεῖσθαι bezieht sich auf beide Gesprächspartner und fungiert in seiner Form als Aufforderung zu einer punktuellen Verhaltensweise. Die Bedeutung der Verbalform ist in diesem Zusammenhang dieselbe wie zuvor in 23c1, da es sich ebenso um eine Art von gutmütiger Warnung handelt, vorschnelles Urteilen zu vermeiden. Demnach ist diese hier verwendete Flexionsform von εὐλαβεῖσθαι seiner Semantik folgend ebenso in die lange Reihe der klassischen Beispiele einzuordnen; Hinweise für eine nachklassische Verwendungsweise sind nicht aufzufinden:

> (...) Prot.: Sicherlich.
>
> Sok.: Sind diese nun stärker und treten sie als stärker bei solchen, die in Krankheiten leiden, als bei Gesunden? Dabei gilt es achtsam zu sein, dass wir nicht voreilig antwortend in die Irre geraten. (…).

Zusammenfassung

Zusammenfassend für die recht zahlreichen Textstellen des γένος ἠθικόν bleibt festzuhalten, dass die klassischen Verwendungen der Wortgruppe εὐλάβεια, εὐλαβής, εὐλαβεῖσθαι zwar in der Summe deutlich hervorstechen, aber dennoch die Stellen im *Phaidon*, die alle auf eine Gefährdung des Seelenzustandes durch die zu erwartende Täuschung hinweisen, im Kontext einen schon fast nachklassischen Sprachgebrauch implizieren. Obwohl auch in der Mehrzahl der übrigen Textpassagen häufig von der Warnung vor einer Täuschung die Rede ist, wird diese dort doch meistens als äußere Blendung der Sinne bezeichnet, die keinen negativen Einfluss auf den seelischen Zustand des Menschen nimmt. An anderen Stellen wiederum ist die Art der Täuschung, vor der gewarnt wird, weniger konkret ausformuliert, wodurch eine eindeutige Zuordnung zu klassischem oder bereits nachklassischem Gebrauch der Übersetzung unmöglich erscheint. In diesen Fällen ist die dem klassischen Sprachgebrauch übliche Bedeutungsvielfalt, soweit sie angemessen und sinnvoll erscheint, beibehalten worden.

c). γένος πολιτικόν

Die dritte Gruppe der von Diogenes Laertios eingeteilten Dialoge besteht aus der *Politeia*, den *Nomoi* und *Minos* als Vertreter des γένος πολιτικόν. An Anzahl der Textstellen, allein achtzehn in der *Politeia*, fünfundzwanzig in den *Nomoi* und zwei weiteren im *Minos*, befindet sich, betrachtet man das gesamte platonische Werk, etwa die Hälfte aller relevanten Textpassagen in diesen umfangreichen Dialogen.

Politeia[38]

Als erster Dialog soll die *Politeia* untersucht werden, die, dem Untertitel nach zu urteilen, ein Gespräch über das Gerechte (ἢ περὶ δικαίου) zum Inhalt hat. Der Dialog *Thrasymachos*, der zwar vermutlich früher als die eigentliche *Politeia* entstanden ist, bildet den passenden Beginn des Werkes und ist als erstes Buch in Form eines Proömiums dem späteren Dialog vorgeschaltet. Sokrates auf dem Weg nach Piräus, dem Hafen Athens, lässt sich von Polemarchos, dem Sohn des reichen Kaufmanns Kephalos, überreden, in das Haus dessen Vaters zu kommen. Dort will man auf den abendlichen Fackelzug zu Ehren der Göttin Bendis, einer Unterweltsgöttin, warten. Im Haus beginnt unter den Anwesenden Sokrates, Glaukon, Polemarchos, Thrasymachos, Adeimantos, Kephalos und Kleitophon das Gespräch über die Gerechtigkeit, das im ersten Buch in zwei Gesprächen des Sokrates zunächst mit Polemarchos, hiernach mit Thrasymachos drei verschiedene Begriffe von Gerechtigkeit entwickelt. Im zweiten Buch, das Vorschläge des Glaukon, Adeimantos und Sokrates für die weitere Untersuchung enthält, kommt es zur Darstellung sophistischer Lehren durch die beiden Reden der Brüder und dem Vorschlag des Sokrates, um zu einer richtigen Bestimmung der Gerechtigkeit zu gelangen, diese zunächst an etwas Großem, dem Staat, zu betrachten. Die Betrachtung der Gerechtigkeit im Großen aber beginnt mit der Gründung des Staates, dessen Ursprung in den natürlichen menschlichen Bedürfnissen, ihrer Einrichtung unter dem Gesetz der Arbeitsteilung und ihrem Wachstum liegt. In diesem Kontext kommt es zu folgender Äußerung des Sokrates (372b1):

> (...) θρέψονται δὲ ἐκ μὲν τῶν κριθῶν ἄλφιτα σκευαζόμενοι, ἐκ δὲ τῶν πυρῶν ἄλευρα, τὰ μὲν πέψαντες, τὰ δὲ μάξαντες, μάζας γενναίας καὶ ἄρτους ἐπὶ κάλαμόν τινα παραβαλλόμενοι ἢ φύλλα καθαρά,

38 Vgl. dazu Erler (2007) 202–215 mit ausführlichen Literaturhinweisen (619–627).

> κατακλινέντες ἐπὶ στιβάδων ἐστρωμένων μίλακί τε καὶ μυρρίναις, εὐωχήσονται αὐτοί τε καὶ τὰ παιδία, ἐπιπίνοντες τοῦ οἴνου, ἐστεφανωμένοι καὶ ὑμνοῦντες τοὺς θεούς, ἡδέως συνόντες ἀλλήλοις, οὐχ ὑπὲρ τὴν οὐσίαν ποιούμενοι τοὺς παῖδας, **εὐλαβούμενοι** πενίαν ἢ πόλεμον. (...)

Das in diesem Zusammenhang verwendete Partizip Präsens εὐλαβούμενοι, das in einem kausalen Nebensatz dem übergeordneten Verbum θρέψονται unterzuordnen ist, formuliert eine allgemein gültige Aussage. Die Besonderheit des Verbums liegt aber offenkundig in der Bedeutung, die an dieser Stelle die einzige treffende Übersetzungsmöglichkeit bietet. Im Kontext ist von der Ernährungsweise und der Art des Zusammenlebens der Bewohner des Idealstaates die Rede, die zwar ἡδέως συνόντες ἀλλήλοις, aber dennoch nicht Kinder ὑπὲρ τὴν οὐσίαν zeugen. Denn stets sind sie εὐλαβούμενοι vor Krieg und Armut. Die einzig richtige Übersetzung von εὐλαβούμενοι kann an dieser Stelle nur mit den Begrifflichkeiten der *Angst* oder *Furcht vor* wiedergegeben werden, woraus zu schließen ist, dass εὐλαβεῖσθαι demnach in diesem Zusammenhang die Bedeutung von φοβεῖσθαι übernommen hat, was allerdings erst für die zweite Hälfte des 1. Jh. n. Chr. fassbar belegt ist:

> (Sok.): (…) Nähren werden sie sich aber in diese Weise, dass sie aus Gerste Graupen bereiten und aus Weizen Mehl, und teils es knetend teils es backend werden sie treffliche Kuchen und Brote auf Röhricht oder reinlichen Blättern auftischen, und gelagert auf einer Streu von Zaunreben und Myrten, werden sie mit ihren Kindern schmausen und Wein dazu trinken, mit Kränzen geschmückt und Lieder singend zum Preis der Götter, die Freuden der Liebe genießend, aber nicht mehr Kinder erzeugend als es für ihren Besitz zuträglich ist, aus Furcht vor Armut und Krieg. (…).

Die im zweiten Buch begonnene Thematik der Notwendigkeit eines Kriegerstandes und deren Erziehung durchzieht im Wesentlichen auch das dritte Buch der *Politeia*. Die als Hauptbereiche der Wächterausbildung geltenden Fächer Musik und Gymnastik, in deren Kontext zwei relevante Textstellen zu finden sind, werden von Platon eingehend behandelt. Daran schließt sich ein Exkurs über die Regenten und die Bestimmung für ihre Auswahl an, wie auch die Diskussion über die Einrichtungen für das Leben der beiden oberen Stände dort am Ende des zweiten Buches seinen Anfang nimmt.

Sokrates im Diskurs mit Glaukon spricht im Rahmen der gymnastischen Ausbildung der Wächter über das Vorhandensein von Ärzten und Richtern. Dabei kommt es zur folgenden Äußerung des Sokrates über das Gegenteil solch edler Männer (409c4):

> (…) ὁ δὲ δεινὸς ἐκεῖνος καὶ καχύποπτος, ὁ πολλὰ αὐτὸς ἠδικηκὼς καὶ πανοῦργός τε καὶ σοφὸς οἰόμενος εἶναι, ὅταν μὲν ὁμοίοις ὁμιλῇ, δεινὸς φαίνεται **ἐξευλαβούμενος**, πρὸς τὰ ἐν αὑτῷ παραδείγματα ἀποσκοπῶν. (…)

Das Partizip Präsens des Kompositums ἐξευλαβεῖσθαι, das stets eine Verstärkung des Verbums εὐλαβεῖσθαι ist, steht an dieser Stelle in kausal subjunktionaler Abhängigkeit von φαίνεσθαι, einem Verbum des modifizierenden Seins, das für den Fall der Scheinbarkeit einer Tatsache den Infinitiv des direkt untergeordneten Verbums mit sich führt. Die präsentische Partizipform färbt die Aussage wohl allgemein gültig. Ein Mensch, der ein gewaltiger Frevler und mit allen Wassern gewaschen ist, erscheint, wenn er mit Leuten seines Schlages zu tun hat, als gefährlich, da er stets die Züge eines ἐξευλαβούμενος aufweist. ἐξευλαβεῖσθαι ist seiner Semantik nach in diesem Kontext wohl eindeutig mit den Begrifflichkeiten der *Vorsicht* und *Achtsamkeit* wiederzugeben. Die Gefahr nämlich, obwohl explizit nicht genannt, liegt bei gegenteiligem Handeln wohl eher im äußeren als im inneren Bereich. Eine Erweiterung oder Wandlung der Bedeutungsvielfalt ist daher nicht zu sehen:

> (…) Jener Gewaltige und Argwöhnische, der selbst vielfältig gefrevelt hat und sich für kundig aller Schliche und für weise hält, erscheint, wenn er es mit seinesgleichen zu tun hat, allerdings als gewaltig, da er sich trefflich zu hüten versteht, geleitet durch die Vorbilder in sich selbst. (…).

In ähnlichem Zusammenhang steht die zweite Textpassage, in der Sokrates folgendes über die Ausbildung der Jugend in Musik anmerkt (410a7):

> (...) οἱ δὲ δὴ νέοι, ἦν δ᾽ ἐγώ, δῆλον ὅτι **εὐλαβήσονταί** σοι δικαστικῆς εἰς χρείαν ἰέναι, τῇ ἁπλῇ ἐκείνῃ μουσικῇ χρώμενοι ἣν δὴ ἔφαμεν σωφροσύνην ἐντίκτειν. (...)

Das Futur εὐλαβήσονται des Verbum simplex steht in einem von δῆλον abhängigen ὅτι-Satz, der eine (zukünftig) zu erwartende Haltung des übergeordneten Subjekts ausdrückt. Die jungen Leute werden, und das ist offensichtlich, sich als εὐλαβήσονται zeigen, mit der Richterkunst in Berührung zu kommen, wenn sie sich mit der die Besonnenheit erzeugenden, einfachen Musik beschäftigen. εὐλαβεῖσθαι dürfte in diesem Kontext wie bereits zuvor mit den klassisch belegten Begriffen der *Vorsicht* und *Achtsamkeit* überaus treffend im Deutschen zu übersetzten sein, da die äußere Haltung der *Vorsicht* bezeichnet wird, die bei Missachtung allein zu Gefahren für die körperliche Existenz führen würde. Indizien für eine einsetzende Begriffswandelung sind in dieser Passage nicht aufzufinden:

> (…) Die Jünglinge werden sich also, so sagte ich, offenbar hüten, mit der Richterkunst in Berührung zu kommen, wenn sie sich an jene einfache Musik halten, die nach unserer Meinung Besonnenheit erzeugt. (…).

Die dritte Textstelle im dritten Buch der *Politeia* befindet sich im Gespräch Glaukons mit Sokrates über die Einrichtungen für das Leben der beiden oberen Stände, im konkreten Fall über die Einrichtung von Schlafstätten der Wächter. Diese sollen in Form von Bundesgenossen ihren Mitbürgern zur Seite stehen wie die Hütehunde den Herden und sich nicht an ihnen vergreifen, wie es die Wölfe an den Herden zu tun pflegen. Nach Sokrates Ansicht wird das ausgeschlossen, wie es aus rhetorischen Fragen an Glaukon hervorgeht (416b5):

> (...) οὐκοῦν τὴν μεγίστην τῆς **εὐλαβείας** παρεσκευασμένοι ἂν εἶεν, εἰ τῷ ὄντι καλῶς πεπαιδευμένοι εἰσίν; (...)

Der Genitiv des Substantivs εὐλάβεια steht als *Genitivus mensurae* in Abhängigkeit von μεγίστην. Um dieser Gefahr vorzubeugen, sind sie doch mit dem wirksamsten Mittel der εὐλάβεια ausgerüstet, wenn sie wirklich gut erzogen sind. εὐλάβεια ist eindeutig mit den Begriffen *Vorsicht* und *Achtsamkeit* zu übersetzen, wie aus der konkreten Schilderung der zuvor dargestellten Gefahr der Übergriffe auf die synonym verwendete „Herde" zu ersehen ist. Es ist von einer äußeren, lebensbedrohenden Gefahr die Rede, die zu erwarten wäre, wenn sich die Wächter gegen das Volk stellen würden. Somit ist die Verwendung von εὐλάβεια in diesem Zusammenhang eindeutig in ihrer klassischen Semantik zu finden:

> (…) Und dem vorzubeugen sind sie doch mit dem wirksamsten Mittel der Vorsicht ausgerüstet, wenn sie in Wahrheit gut erzogen sind? (…).

Die Thematik des vierten Buches führt die im dritten Buch begonnene Ausführung über die Einrichtungen für das Leben der beiden oberen Stände zu Ende, schließt daran wichtige Bemerkungen für die Disposition über die Frauengemeinschaften an und bestimmt die Aussonderungen der Gerechtigkeit aus den Tugenden (Kardinaltugenden) des Staates. Die einzige, in diesem Buch zu untersuchende Textstelle allerdings ist noch im Kontext der musischen Erziehung der Wächter zu finden. Dort heißt es nämlich aus dem Mund des Sokrates (424c4):

> (...) εἶδος γὰρ καινὸν μουσικῆς μεταβάλλειν **εὐλαβητέον**
> ὡς ἐν ὅλῳ κινδυνεύοντα: (...)

Das Verbum εὐλαβεῖσθαι steht in dieser Textpassage in der Form eines unpersönlich konstruierten Verbaladjektivs, das die Notwendigkeit einer Haltung zum Ausdruck bringt. Es ist notwendig, sich als εὐλαβεῖσθαι zu zeigen, eine neue Art von Musik einzuführen, um dadurch nicht das gesamte Wohlergehen auf das Spiel zu setzen. Da das Resultat darin besteht, durch eine entgegengesetzte Haltung den Untergang des Staates herbeizuführen, ist die mögliche Gefahr wohl als eine äußere anzusehen, wodurch die Übersetzung des Verbaladjektivs mit den Begrifflichkeiten *Vorsicht* und *Achtsamkeit* überaus treffend geschehen kann. Die Notwendigkeit einer Semantikverschiebung ist für diesen Kontext auszuschließen:

> (…) Denn eine neue Art von Musik einzuführen muss man sich hüten, da hierbei das Ganze auf dem Spiel steht. (…).

Das fünfte Buch, das mit zwei zu untersuchenden Textpassagen aufwartet, behandelt ausführlich sowohl die so genannte Frauenfrage, die mit der Forderung nach gleicher Beschäftigung für Frauen und Männer der beiden oberen Stände beginnt und zur Einrichtung von Frauen- und Kindergemeinschaften übergeht, als auch in allen Einzelheiten die Frage nach dem besten Herrscher. Diese erstreckt sich jedoch weiter in die Bücher sechs und sieben.

Die erste kurze Textpassage befindet sich innerhalb der Diskussion der Frauen- und Kindergemeinschaften zwischen Glaukon und Sokrates, im Kontext der Kriegsführung, zu der die Jugendlichen von den Vätern mitgeführt werden (467d1):

> εἰκός, ἔφη.
>
> εἰς μὲν ἄρα τὰς ἄξουσιν, εἰς δὲ τὰς **εὐλαβήσονται**.
>
> ὀρθῶς. (...)

εὐλαβεῖσθαι, in diesem Zusammenhang in eine μέν – δέ Konstruktion eingebaut, weist eine futurische Flexionsform auf, die eine Haltung in der Zukunft kennzeichnet. Die Väter werden die Söhne zu einem Teil der kriegerischen Auseinandersetzungen mitführen, zu einem anderen Teil aber werden sie εὐλαβήσονται, die Söhne mitzuführen. Die Gefährdung für das Leben und Wohlergehen der Söhne ist in den zuletzt genannten Schlachten größer als es die Väter verantworten und riskieren wollen. Die Haltung der Väter ist am treffendsten im Deutschen mit den für die klassische Zeit belegten Begrifflichkeiten *vorsichtig, auf der Hut sein* und *sich hüten vor* wiederzugeben. Nachklassische Wendungen sind aus Gründen der konkreten Gefährdung für das Leben zu verwerfen:

> (…) Aller Wahrscheinlichkeit nach, sagte Glaukon.
>
> In manche Feldzüge also werden sie sie mitnehmen, vor anderen werden sie sie bewahren.
>
> Richtig. (…).

Eine weitere zu betrachtende Stelle offenbart sich im Kontext der Behandlung der Sklavenfrage (469b8), zu der sich Sokrates mit folgenden Worten äußert:

> (...) πρῶτον μὲν ἀνδραποδισμοῦ πέρι, δοκεῖ δίκαιον Ἕλληνας Ἑλληνίδας πόλεις ἀνδραποδίζεσθαι, ἢ μηδ' ἄλλῃ ἐπιτρέπειν κατὰ τὸ δυνατὸν καὶ τοῦτο ἐθίζειν, τοῦ Ἑλληνικοῦ γένους φείδεσθαι, **εὐλαβουμένους** τὴν ὑπὸ τῶν βαρβάρων δουλείαν; (...)

Das Partizip Präsens von εὐλαβεῖσθαι drückt, seinem Charakter nach, eine allgemein gültige, fortwährende Haltung aus. Es steht in diesem Zusammenhang in kausal hypotaktischer Konstruktion. Die Frage des Sokrates lautet, ob es rechtens sei, dass Griechen Griechen zu Sklaven machten, oder ob es nicht besser wäre, davon völlig abzusehen, weil man sich stets als εὐλαβεῖσθαι zeigte, von den Barbaren versklavt zu werden. Im Kontext ist die Gefahr, die bei Unachtsamkeit droht, explizit mit der Versklavung durch die Barbaren benannt. Die Form von εὐλαβεῖσθαι ist durchaus korrekt und sinngebend mit den klassisch belegten Begriffen der *Vorsicht* und *Achtsamkeit* zu übersetzen. Allerdings wird der Inhalt der Aussage nicht völlig getroffen, da die Konnotation der *Furcht* und *Angst*, die durchaus vorschweben muss, nicht ausgedrückt wird. εὐλαβεῖσθαι könnte daher mit Fug und Recht genauso in der Bedeutung von φοβεῖσθαι, zu der sich das Verbum in nachklassischer Zeit gewandelt hat, im Deutschen wiedergegeben werden. Dadurch entsteht ein Entscheidungskonflikt, der nicht eindeutig zu lösen ist, da die wirkliche Aussageabsicht Platons ein Mysterium bleiben wird:

> Sok: (...) Was zunächst die Sklavenfrage anlangt, hältst du es da für recht, dass griechische Staaten Griechen zu Sklaven machen, oder wäre es nicht vielmehr in Ordnung, dass sie nach Möglichkeit dies auch keinem anderen Staat erlaubten und es zur Sitte machten, das Geschlecht der Griechen zu schonen, aus Furcht vor der Gefahr, von den Barbaren geknechtet zu werden? (...).

Die im fünften Buch begonnenen Ausführungen über die Herrscherfrage, die zu dem Ergebnis der besten Herrschaft durch die Philosophen kommt, werden im sechsten Buch weiter bestimmt. Es folgen, nach der Definition der Philosophen im fünften Buch, Erläuterungen von Bestimmungen der für die Philosophen zu fordernden Geistesanlagen, der Gründe für die herrschende Verkennung und Missachtung der Philosophen, der direkten Proportionalität von Philosophenherrschaft und Wohlergehen des Staates und der Bildung der Philosophenherrscher im sechsten Buch, die sich weiter in das siebte Buch hinein erstrecken. Innerhalb der Diskussion der Bildungsziele kommt es in unmittelbarer Folge zu einer Äußerung des Sokrates und einer Antwort des Glaukon (507a4):

> (...) **εὐλαβεῖσθε** μέντοι μή πῃ ἐξαπατήσω ὑμᾶς ἄκων, κίβδηλον ἀποδιδοὺς τὸν λόγον τοῦ τόκου.
>
> **εὐλαβησόμεθα**, ἔφη, κατὰ δύναμιν: ἀλλὰ μόνον λέγε. (...)

Das Verbum εὐλαβεῖσθαι wird in dieser Passage zweimal hintereinander verwendet. Einmal in der Form eines Imperativ Präsens mit allgemeingültigem Aufforderungscharakter, beim zweiten Mal in der Form eines Indikativ Futur als Antwort auf die unmittelbar vorangegangene Aufforderung. Glaukon und Adeimantos werden von Sokrates dazu angehalten, sich als εὐλαβεῖσθαι zu zeigen, um einer unabsichtlichen Täuschung durch Sokrates zu entgehen. Sollten sie dieser Anweisung nicht Folge leisten, bestünde die Gefahr darin, dass das Ergebnis des Gesprächs verfälscht würde. Da eindeutig von einer äußeren Gefährdung die Rede ist, bieten sich die klassischen Übersetzungsvarianten der *Vorsicht* und *Achtsamkeit* als durchaus treffend an. Der Unterschied der Antwort des Glaukon mit der Wiederholung der Aufforderung (εὐλαβησόμεθα) liegt einzig und allein darin, dass der Präpositionalausdruck κατὰ δύναμιν hinzugefügt wird, was eine nochmalige Verstärkung zum Ausdruck bringt. An der klassischen Semantik des Begriffes ändert sich jedoch nichts:

> Sok.: (...) Doch gebt scharf Acht, dass ich euch nicht etwa wider meinen Willen hintergehe, indem ich eine falsche Rechnung über den Zins erstatte.
>
> Glauk.: Wir werden nach Kräften Acht haben. Sprich du nur. (...).

Der Fächerkanon des Unterrichts der Philosophenausbildung (Arithmetik, Geometrie, Astronomie, Harmonielehre, Dialektik) und die Einteilung des Unterrichts nach Ausgewählten und Altersstufen bilden die Hauptthematik des siebten Buches, innerhalb dessen sechs zu untersuchende Textstellen aufgefunden werden. Die erste findet sich in einer Äußerung des Sokrates im Kontext der Arithmetik. Dort heißt es (525d8):

> (...) οἶσθα γάρ που τοὺς περὶ ταῦτα δεινοὺς αὖ ὡς, ἐάν τις αὐτὸ τὸ ἓν ἐπιχειρῇ τῷ λόγῳ τέμνειν, καταγελῶσί τε καὶ οὐκ ἀποδέχονται, ἀλλ' ἐὰν σὺ κερματίζῃς αὐτό, ἐκεῖνοι πολλαπλασιοῦσιν, **εὐλαβούμενοι** μή ποτε φανῇ τὸ ἓν μὴ ἓν ἀλλὰ πολλὰ μόρια. (...)

Das Partizip Präsens εὐλαβούμενοι steht in diesem Zusammenhang in kausaler Hypotaxe zum übergeordneten Hauptverbum πολλαπλασιοῦσιν. Der Kontext spricht von einem mathematischen Paradoxon, durch das die Mathematiker beim Versuch der Zerlegung der Zahl Eins in mehrere Bestandteile stets mit Vervielfältigung antworten, weil sie sich stets als εὐλαβούμενοι vor der Gefahr zeigen, dass die Eins sich als eine Vielheit von Teilen zeigen könnte. Die Flexionsform von εὐλαβεῖσθαι ist innerhalb dieser Passage am treffendsten mit den Begriffen *auf der Hut sein* und *sich hüten vor* ins Deutsche zu übersetzen, wie es für die klassische Bedeutungsvielfalt belegt ist. Für eine beginnende Wandlung der Semantik lassen sich keinerlei Indizien finden:

> Sok.: (...) Denn du weißt ja, wie es die kundigen Mathematiker machen: wenn einer versucht, die reine Eins in Gedanken zu zerteilen, so lachen sie ihn aus und weisen ihn ab, und wenn du sie zerstückelst, so antworten sie mit Vervielfältigung derselben, immer darauf bedacht, zu verhüten, dass die Eins sich jemals auch als etwas zeigen könnte, das nicht Eines, sondern eine Vielheit von Teilen wäre. (...).

Eine zweite Stelle offenbart sich im Kontext der Einteilung des Unterrichts nach Ausgewählten und Altersstufen. Sokrates gibt im Rahmen der Unterscheidung von echten und unechten Bürgern, die nicht gleichermaßen zu Tätigkeiten im Staat befähigt sein sollen, folgendes zu beachten (536a9):

> (…) ἡμῖν δή, ἦν δ' ἐγώ, πάντα τὰ τοιαῦτα **διευλαβητέον**: (…)

Das den Charakter des Verbum simplex noch verstärkende Kompositum διευλαβεῖσθαι steht in dieser Textpassage in der Form eines unpersönlich konstruierten Verbaladjektivs, welches die Notwendigkeit einer Haltung nachdrücklich zum Ausdruck bringt. Es ist von sehr großer Bedeutung, über solche Entscheidungen in Erziehungsfragen sich als διευλαβεῖσθαι zu zeigen. Falls nämlich das Gegenteil eintritt, ist damit zu rechnen, dass τἀναντία πάντα καὶ πράξομεν καὶ φιλοσοφίας ἔτι πλείω γέλωτα καταντλήσομεν. Die Bedeutung des Kompositums διευλαβεῖσθαι ist daher wohl am ehesten mit den Begriffen der *Vorsicht* und *Achtsamkeit* im Deutschen wiederzugeben, da von einer konkreten äußeren Schadensnahme der Philosophie die Rede ist, die sich aber nicht auf das Innere bezieht. Argumente für eine nachklassische Semantik sind daher wohl definitiv nicht zu finden:

> Sok.: (…) Wir müssen also in allen dergleichen Fragen sehr vorsichtig zu Werke gehen. (…).

Innerhalb der Rechtfertigung der sehr spät erfolgenden Ausbildung der zum Philosophenherrscher geeigneten Kandidaten sind zwei sich aufeinander beziehende Textpassagen aufzufinden, die in zwei rhetorische Fragen des Sokrates an Glaukon eingegliedert sind (539a8):

> (...) οὐκοῦν ἵνα μὴ γίγνηται ὁ ἔλεος οὗτος περὶ τοὺς τριακοντούτας σοι, **εὐλαβουμένῳ** παντὶ τρόπῳ τῶν λόγων ἁπτέον;
>
> καὶ μάλ', ἦ δ' ὅς.
>
> ἆρ' οὖν οὐ μία μὲν **εὐλάβεια** αὕτη συχνή, τὸ μὴ νέους ὄντας αὐτῶν γεύεσθαι; (...)

Zweimal ist innerhalb einer kurzen Textpassage die Rede von εὐλάβεια, im ersten Fall in Form eines Partizip Präsens des Verbum simplex εὐλαβεῖσθαι, das seinem Charakter nach eine fortwährende Haltung aufzeigt, im zweiten Fall durch die konkrete Verwendung des Substantivs εὐλάβεια. Sokrates fragt seinen Gesprächspartner Glaukon rhetorisch, ob er, um die Erregung von eigenem Mitleid gegenüber den Dreißigjährigen zu vermeiden, sich als εὐλαβεῖσθαι zeigt, wenn man diese in die Dialektik einführen will. εὐλαβεῖσθαι dürfte unzweifelhaft mit den Begrifflichkeiten der *Vorsicht*, *Achtsamkeit* und auch der *Behutsamkeit* übersetzt werden, die sämtlich den Sinn der Aussage sehr gut wiedergeben. Nicht das Mitleid, von dem hier die Rede ist, wird bei Zuwiderhandlung als eigentliche Gefahr gesehen, sondern die Gefährdung des ganzen Staates, die von der verfrühten Ausbildung der angehenden Herrscher in diesem Bereich ausgeht, ist im Gesamtkontext der Textstelle miteinzubeziehen. Ebenso verhält es sich mit der Verwendung des Substantivs εὐλάβεια in der zweiten rhetorischen Frage, in der Sokrates die Vermeidung von eigenem Mitleid als eine εὐλάβεια ansieht, die Unterweisung in Dialektik erst in fortgeschrittenem Alter vorzunehmen. Daher ist εὐλάβεια, wohl am treffendsten im Bereich der klassisch belegten Semantik angesiedelt, mit dem konkreten Begriff der *Vorsichtsmaßnahme* zu übersetzen. Die Entscheidung für die Wahl des klassischen Ausdrucks ist mit derselben Begründung wie im Fall der zuvor besprochenen Flexionsform von εὐλαβεῖσθαι zu rechtfertigen. Aus dieser Begründung heraus ist eine Wandlung sowohl von εὐλαβεῖσθαι als auch von εὐλάβεια in diesem Zusammenhang nicht anzunehmen:

> Sok.: (…) Damit dir nun dies Mitleid bei den Dreißigjährigen erspart bleibe, musst du doch alle Vorsicht anwenden bei ihrer Einführung in die Dialektik?
>
> Glauk.: Allerdings gewiss.
>
> Sok.: Ist nicht schon das allein eine sehr wichtige Vorsichtsmaßnahme, dass man sie nicht zu jung daran kosten lässt? (…).

Eine weitere zu untersuchende Stelle, die die Gedanken aus 539a8 thematisch aufgreift, befindet sich im selben Buch an einem späteren Ort. In einer rhetorischen Frage wird das Auswahlverfahren für den Unterricht in Dialektik von Sokrates begründet (539d3):

> (...) οὐκοῦν καὶ τὰ προειρημένα τούτου ἐπ᾽ **εὐλαβείᾳ** πάντα προείρηται, τὸ τὰς φύσεις κοσμίους εἶναι καὶ στασίμους οἷς τις μεταδώσει τῶν λόγων, καὶ μὴ ὡς νῦν ὁ τυχὼν καὶ οὐδὲν προσήκων ἔρχεται ἐπ᾽ αὐτό; (...)

Das Substantiv εὐλάβεια, das in diesem Zusammenhang verwendet wird, ist wohl aus denselben Gründen, die bereits im Kontext der Passage von 539b1 vorgebracht worden sind, am treffendsten mit dem konkreten Begriff der *Vorsichtsmaßnahme* zu übersetzen, nimmt es doch die zuvor aufgestellten Forderungen, die Unterweisung in Dialektik erst in fortgeschrittenem Alter nach einer Auswahl vorzunehmen, nochmals auf. Die Entscheidung für die Wahl des klassischen Ausdrucks ist daher wohl ausreichend mit dem Hinweis auf die Besprechungen der Stellen 539a9 und 539b1 zu rechtfertigen:

> Sok.: (…) Und auch die vor dieser jetzigen Maßregel aufgestellten Forderungen dienten doch alle zur Vorsichtsmaßnahme dafür, dass es nur sittlich tüchtige und in sich gefestigte Naturen sein sollten, die man mit der Dialektik sich befassen lässt, und dass nicht wie jetzt der erste beste und Unberufene sich an sie heranmacht? (…).

Das achte Buch, das mit einer zu untersuchenden Passage aufwartet, rekapituliert die aufgefundenen Ergebnisse der vorher stattgefundenen Gespräche nochmals, knüpft thematisch an die Diskussion über die Bedingungen für die mögliche Errichtung des gerechten Staates an und erörtert die Entstehungsweise und den Charakter sowohl ungerechter Staatsverfassungen der Reihe nach (Timokratie, Oligarchie, Demokratie, Tyrannis) als auch der ihnen entsprechenden Individuen. Im Gespräch über die Staatsform der Tyrannis vergleicht Sokrates den guten Gesetzgeber mit einem besonnenen Imker (564b10):

> (...) ὣ δὴ δεῖ τὸν ἀγαθὸν ἰατρόν τε καὶ νομοθέτην πόλεως μὴ ἧττον ἢ σοφὸν μελιττουργὸν πόρρωθεν εὐλαβεῖσθαι, μάλιστα μὲν ὅπως μὴ ἐγγενήσεσθον, ἂν δὲ ἐγγένησθον, ὅπως ὅτι τάχιστα σὺν αὐτοῖσι τοῖς κηρίοις ἐκτετμήσεσθον. (...)

Der Infinitiv Präsens, der eine fortwährende Haltung bezeichnet, steht an dieser Stelle in Abhängigkeit vom übergeordneten, unpersönlich konstruierten Verbum δεῖ, das die Notwendigkeit einer Haltung oder Handlung zum Ausdruck bringt. Der gute Gesetzgeber muss sich, wie der umsichtige Imker, vor diesen Eindringlingen als εὐλαβεῖσθαι zeigen, um zu verhindern, dass diese in den Staat bzw. die Waben eindringen. Somit erweisen sich für die Übersetzung des Verbums εὐλαβεῖσθαι die für die klassische Zeit üblichen Begrifflichkeiten der *Vorsicht* und *Achtsamkeit* als am besten geeignet. Indizien für einen Wandel der Semantik sind nicht aufzufinden:

> Sok.: (…) Sie (scil. Schleim und Galle / Faulenzer und Verschwender) muss also ein guter Arzt und Gesetzgeber nicht weniger als ein erfahrener Bienenzüchter mit aller Vorsicht fernzuhalten versuchen und sie am besten überhaupt nicht einlassen, wenn sie aber doch

> eingedrungen sind, sie so schnell wie möglich mitsamt den Waben herausschneiden. (…).

Die Beurteilung der Glückseligkeit des gerechten und ungerechten Mannes, die sich aus vier Beweisen zusammensetzt, steht im Mittelpunkt des neunten Buches. Dennoch befindet sich die im neunten Buch zu untersuchende Stelle noch im Kontext der begonnenen Tyrannis-Besprechung des achten Buches. Sokrates erläutert Adeimantos die Züge eines tyrannischen Mannes in Form von Fragen (574b7):

> (...) ἀντεχομένων δὴ καὶ μαχομένων, ὦ θαυμάσιε, γέροντός τε καὶ γραός, ἆρ' **εὐλαβηθείη** ἂν καὶ φείσαιτο μή τι δρᾶσαι τῶν τυραννικῶν; (...)

εὐλαβεῖσθαι wird in diesem Zusammenhang in der Form eines Optativ Aorist verwendet, eingebunden in die Konstruktion eines Potentialis, der die vorsichtige Möglichkeit einer punktuellen Haltung zum Ausdruck bringt. *Dürfte ein Mann mit tyrannischen Eigenschaften, wenn seine alten Eltern seinen ungerechten Übergriffen Widerstand leisten, wohl* εὐλαβηθείη *und seine tyrannischen Anschläge gegen sie einstellen*? Die Übersetzung von εὐλαβεῖσθαι gestaltet sich etwas schwieriger als in den Fällen zuvor, da wohl dem Sinn der Aussage nach eine andere Intention des Verbums als vorher zugrunde liegt. Die Begrifflichkeiten der *Vorsicht, Achtsamkeit* und *Behutsamkeit* greifen hier sehr wenig, da keinerlei innere oder äußere Gefährdung zu erwarten ist. Besser steht es mit den nachklassischen Bedeutungen der Furcht und Scheu, die besonders im letzten Fall, obwohl nur im religiösen Zusammenhang belegt, sehr deutlich den Inhalt der Aussage wiedergeben: *Scheu, Zurückhaltung* und *Respekt* als Übersetzung von εὐλαβηθείη sind wohl die einzig treffenden Varianten, um die Textintention im Deutschen voll zu erfassen.

> Sok.: (…)Wenn nun der alte Vater und die alte Mutter Widerstand leisten und sich zur Wehr setzen, mein Bester, wird er dann etwa zur Besinnung kommen und seine tyrannischen Anschläge gegen sie einstellen? (…).

Das zehnte und letzte Buch der *Politeia* behandelt einerseits das im dritten Buch gefällte Verdammungsurteil über den größten Teil der Dichtkunst in philosophischer Begründung, andererseits den Lohn des Gerechten im Leben und nach dem Tod, veranschaulicht durch den Mythos vom Totengericht. Die beiden letzten für diese Untersuchung relevanten Textstellen, die sich inhaltlich direkt aufeinander beziehen, sind im Kontext der philosophischen Begründung des Verdammungsurteils über den größten Teil der Dichtkunst zu finden. Sokrates äußert sich dazu folgendermaßen (607e4):

> (...) εἰ δέ γε μή, ὦ φίλε ἑταῖρε, ὥσπερ οἱ ποτέ του ἐρασθέντες, ἐὰν ἡγήσωνται μὴ ὠφέλιμον εἶναι τὸν ἔρωτα, βίᾳ μέν, ὅμως δὲ ἀπέχονται, καὶ ἡμεῖς οὕτως, διὰ τὸν ἐγγεγονότα μὲν ἔρωτα τῆς τοιαύτης ποιήσεως ὑπὸ τῆς τῶν καλῶν πολιτειῶν τροφῆς, εὖνοι μὲν ἐσόμεθα φανῆναι αὐτὴν ὡς βελτίστην καὶ ἀληθεστάτην, ἕως δ' ἂν μὴ οἵα τ' ᾖ ἀπολογήσασθαι, ἀκροασόμεθ' αὐτῆς ἐπᾴδοντες ἡμῖν αὐτοῖς τοῦτον τὸν λόγον, ὃν λέγομεν, καὶ ταύτην τὴν ἐπῳδήν, **εὐλαβούμενοι** πάλιν ἐμπεσεῖν εἰς τὸν παιδικόν τε καὶ τὸν τῶν πολλῶν ἔρωτα. ᾀσόμεθα δ' οὖν ὡς οὐ σπουδαστέον ἐπὶ τῇ τοιαύτῃ ποιήσει ὡς ἀληθείας τε ἁπτομένῃ καὶ σπουδαίᾳ, ἀλλ' **εὐλαβητέον** αὐτὴν ὂν τῷ ἀκροωμένῳ, περὶ τῆς ἐν αὐτῷ πολιτείας δεδιότι, καὶ νομιστέα ἅπερ εἰρήκαμεν περὶ ποιήσεως. (...)

Zweimal wird in diesem Zusammenhang das Verbum simplex εὐλαβεῖσθαι in verschiedenen Flexionen und Konstruktionen verwendet. Im ersten Fall in Form des eine fortwährende Haltung ausdrückenden Partizip Präsens, das in modal-hypotaktischer Konstruktion steht, im zweiten Fall in der Form eines unpersönlich konstruierten Verbaladjektivs, das die Notwendigkeit einer Haltung nachdrücklich zum Ausdruck bringen soll: *Man wird sich beim Anhören der Leistungen dieser Form von Dichtung als Schutzmittel gegen sie die gewonnene Überzeugung und den in ihr enthaltenen Zauberspruch zunutze machen, indem man sich als* εὐλαβούμενοι *zeigt vor einem Rückfall in jene kindische und von der großen Menge gepflegte Liebe*. Die Bedeutung des Verbums ist wohl aus der Konkretisierung der bei Unachtsamkeit eintretenden Gefahr, hier: dem Rückfall in kindische Liebe, am treffendsten mit den klassischen Begrifflichkeiten *auf der Hut sein* und *sich hüten vor* im Deutschen wiederzugeben. In etwas anderer Weise ist wohl die Bedeutung der zweiten Form εὐλαβητέον zu verstehen: Der Hörer muss, aus Furcht um seine eigene Seelenverfassung (περὶ τῆς ἐν αὐτῷ πολιτείας δεδιότι), sich als εὐλαβητέον zeigen und die entwickelte Ansicht über die Dichtkunst als die maßgebende anerkennen. Obwohl das Missachten der Aufforderung explizit als innere, die Seele betreffende Gefährdung (περὶ τῆς ἐν αὐτῷ πολιτείας δεδιότι) bezeichnet wird, ist eine Übersetzung der Flexionsform von εὐλαβεῖσθαι mit den Begrifflichkeiten *auf der Hut sein* und *sich hüten vor* zu wählen; eine Übersetzung mit der für die nachklassische Zeit belegten Begrifflichkeiten muss an dieser Stelle, um der Sprecherintention Folge zu leisten, verworfen werden:

> Sok.: (...) Im anderen Fall aber, mein lieber Freund, werden wir es machen wie diejenigen, die einmal in irgendeinen verliebt waren: wenn sie nämlich die Überzeugung gewinnen, dass ihre Liebe nichts wert sei, reißen sie sich, so schwer es ihnen auch werden mag, mit Gewalt von ihr los. So werden auch wir zufolge der Liebe, die uns für diese Art von Dichtung durch die in unseren herrlichen Staaten übliche Erziehungsweise beigebracht worden ist, zwar mit wohlwollender Nachsicht es begreiflich finden, dass sie sich so überaus trefflich und wahr darbietet, werden aber, so lange sie nicht imstande ist, sich zu rechtfertigen, beim Anhören ihrer Leistungen als Schutzmittel gegen sie die von uns gewonnene Überzeugung und den in ihr enthaltenen Zauberspruch uns zunutze machen, um uns dadurch vor einem Rückfall in jene kindische und von der großen Menge gepflegte Liebe zu sichern. Wir verzichten also auf sie, da man sich nicht ernstlich mit einer solchen Art von Dichtung befassen soll, als hätte sie mit der Wahrheit etwas zu tun und als wäre sie eine ernstliche Sache; vielmehr muss der Hörer, aus Furcht für seine eigene Seelenverfassung, sich vor ihr in Acht nehmen und diejenige Ansicht über die Dichtkunst, die wir entwickelt haben, als die maßgebende anerkennen. (...).

Nomoi[39]

Der zweite, längere (zwölf Bücher umfassende) Dialog in der Gruppe des γένος πολιτικόν, der mit fünfundzwanzig zu untersuchenden Textstellen aufwartet, ist der Komplex der *Nomoi*. Diese gliedern sich nach ihrem Handlungsverlauf in zwei Teile, den vorbereitenden (Buch I–III) und den Hauptteil (Buch IV–XII). Eine Wanderung dreier Greise, des Kreters Kleinias, des Spartaners Megillos und des athenischen Gastfreundes, von der Stadt Knossos auf Kreta hin zur Grotte des Zeus bildet die Szenerie zu dem langen Gespräch über die Gesetze. Die Frage des Atheners nach dem Ursprung der spartanischen Gesetzgebung führt zu einer Erörterung über

39 Vgl. dazu Erler (2007) 277–290 mit ausführlichen Literaturhinweisen (659–662).

den Zweck des Staates überhaupt. Während der Spartaner diesen Zweck in der Pflege der Tapferkeit sieht, ist der Athener darum bemüht, zu zeigen, dass das Wohlergehen eines Staates nicht in der Pflege einer Einzeltugend, sondern in der gleichmäßigen Pflege aller Tugenden, der Tugend in ihrer Gesamtheit besteht. Die allseitige Erziehung zur Tugend muss also die Hauptsorge jeder Gesetzgebung sein. Neben der Tapferkeit muss besonders auf die Mäßigung aller Begierden hingewirkt werden. Die rechte Gestaltung von Trinkgelagen ist zur Lösung dieser Aufgabe von besonderer Wichtigkeit, da eine Stärkung des Ehrgefühls durch die Vereinigung des ihnen eigenen, offenen Frohmutes mit strenger Zucht geradezu gefördert wird. In der Ausführung über die Symposien äußert sich der Athener wie folgt (649d7):

> (ΑΘ.) (...) τούτων δὲ εὐτελῆ τε καὶ ἀσινεστέραν πρῶτον μὲν πρὸς τὸ λαμβάνειν πεῖραν, εἶτα εἰς τὸ μελετᾶν, πλὴν τῆς ἐν οἴνῳ βασάνου καὶ παιδιᾶς, τίνα ἔχομεν ἡδονὴν εἰπεῖν ἔμμετρον μᾶλλον, ἂν καὶ ὁπωστιοῦν μετ' **εὐλαβείας** γίγνηται; (...)

Das an dieser Stelle verwendete Substantiv εὐλάβεια steht in der präpositionalen Konstruktion eines verallgemeinernden hypothetischen Nebensatzes. Es ist von der prüfenden Beobachtung und der Geselligkeit beim Wein die Rede, durch die es ermöglicht werden soll, über die zuvor genannten Reizungen Erkenntnisse zu gewinnen. Besonders die Geselligkeit beim Wein ist überaus geeignet dafür, wenn man mit εὐλάβεια dabei vorgeht. Die Bedeutung im Deutschen im Hinblick auf die – zwar nicht explizit genannten – Gefahren der Trunkenheit, durch die mögliche Erkenntnisse getrübt werden können, ist treffend mit den Begrifflichkeiten der *Vorsicht* und *Achtsamkeit* wiederzugeben. Ein Wandel zu nachklassischen Bedeutungen ist auszuschließen:

> (Athener): (…) Was nun diese Reizungen anlangt, was ließe sich da für ein leichter zu beschaffendes und unschädlicheres Mittel erstens zur Erprobung und zweitens zur Übung nennen als die prüfende Beobachtung und scherzende Geselligkeit beim Wein, ein Vergnügen, das mehr als irgend etwas anderes sich dazu eignet, wenn dabei nur einigermaßen mit Vorsicht verfahren wird? (…).

Das zweite Buch der *Nomoi*, in dem sich zwei zu untersuchende Textpassagen befinden, erweitert den Blick vom Symposium, dessen Behandlung im ersten Buch begonnen worden ist, auf die Erziehung allgemein.

Auch hier ist es wichtig, Spiel und Ernst zu mischen, denn das Spiel soll der Hinlenkung zur Tugend dienen. Da den Menschen von Natur eine Veranlagung zu Tanz und Gesang gegeben ist, soll beides zur Kunst ausgebaut und für Feste vollendet werden. Der Gesetzgeber hat die Aufgabe, die Kunst zu kontrollieren. Da Tanz und Gesang menschliche Stimmungen und Charaktere nachahmen, sind allein solche Formen dieser Künste zu dulden, die eine Nachahmung tugendhaften Verhaltens darstellen. Musenkunst hat daher nicht den Künstlern und dem Publikum überlassen zu sein, sondern denen, die kompetent sind. Lust als Wirkung der Kunst ist zu billigen, wenn sie aus der Tugend entspringt. Der Besitz von Arete und Eudaimonie ist vom Gesetzgeber als ein und dasselbe anzusehen. Da Kunsterziehung die Jugend wie die Erwachsenen betrifft, müssen je nach Alter drei Chöre mit je eigenen Aufgaben eingerichtet werden. Der Chor der erwachsenen Männer heißt Chor des Dionysos, womit man zum Symposium zurückgekehrt ist. Im Zusammenhang der Einrichtung der drei Chöre kommt es zu folgendem Gesetzesvorschlag des athenischen Gastfreundes über den Weingenuss der jungen Männer (666a3):

> (ΑΘ.) (...) ἆρ᾽ οὐ νομοθετήσομεν πρῶτον μὲν τοὺς παῖδας μέχρι ἐτῶν ὀκτωκαίδεκα τὸ παράπαν οἴνου μὴ γεύεσθαι, διδάσκοντες ὡς οὐ χρὴ πῦρ ἐπὶ πῦρ ὀχετεύειν εἴς τε τὸ σῶμα καὶ τὴν ψυχήν, πρὶν ἐπὶ τοὺς πόνους ἐγχειρεῖν πορεύεσθαι, τὴν ἐμμανῆ **εὐλαβουμένους** ἕξιν τῶν νέων. (...)

Das in Form des Partizip Präsens verwendete Verbum simplex εὐλαβεῖσθαι steht in diesem Zusammenhang in modal-hypotaktischer Konstruktion abhängig vom übergeordneten unpersönlich konstruierten Verbum χρή. Der Gesetzesvorschlag beruht auf der Verordnung, junge Männer erst nach ihrem achtzehnten Lebensjahr mit dem Weingenuss in Berührung kommen zu lassen, mit der Begründung, dass man sich hinsichtlich des momentanen Zustands der Jugend als εὐλαβεῖσθαι zeigen muss, da die Gefahr darin besteht, dass durch Alkoholgenuss dem vorhandenen Feuer, das im ganzen Körper (τὸ σῶμα καὶ τὴν ψυχήν) junger Männer tobt, noch weiteres hinzugefügt wird. Ob sich die Gefahr nun allein auf den äußeren oder inneren Bereiche des jungen Menschen bezieht, ist nicht wirklich schlüssig. Nahe liegend ist jedoch die Annahme, dass die Gefährdung beider Bereiche von Platon in Betracht gezogen worden ist. Die Wiedergabe der Flexionsform von εὐλαβεῖσθαι im Deutschen ist demnach mit der ebenfalls klassisch belegten Begrifflichkeit der *Rücksichtnahme auf* die wohl treffendste Möglichkeit:

> (Athener): (…) Zunächst werden wir gesetzlich bestimmen, dass die Knaben bis zum achtzehnten Jahr sich jeden Weingenusses zu enthalten haben, mit der belehrenden Begründung, dass man, in Rücksicht auf die leichte Erregbarkeit der Jugend, zu dem in ihrem Körper schon vorhandenen Feuer nicht weiteres Feuer zuleiten darf, ehe sie sich noch mit harter Arbeit befasst haben. (…).

Eine nächste Textpassage bietet das zweite Buch der *Nomoi* im Kontext der Beurteilung von Kunst und Musik, zu der es aus dem Mund des athenischen Gastfreundes heißt (669b6):

> (ΑΘ.) (...) ἐπειδὴ γὰρ ὑμνεῖται περὶ αὐτὴν διαφερόντως ἢ τὰς ἄλλας εἰκόνας, **εὐλαβείας** δὴ δεῖται πλείστης πασῶν εἰκόνων. (...)

Der Genitiv des Substantivs εὐλάβεια wird in diesem Zusammenhang in Abhängigkeit vom Verbum δεῖσθαι, das in der Regel mit Genitiv konstruiert wird, verwendet. Die Aufforderung des Atheners liegt darin, dass man, wenn man sich mit Musik befasst, größere εὐλάβεια walten lassen muss als bei der Beschäftigung mit gemalten oder gestalteten Bildern, denn Musik wird stets höher gepriesen als die anderen Künste, so dass eine richtige Bewertung dadurch erschwert wird und die Gefahr der falschen Beurteilung den Richter bedroht. εὐλάβεια ist am treffendsten mit den Begrifflichkeiten der *Vorsicht* und *Achtsamkeit* zu übersetzen, da vor einer konkreten Gefahr, die das Urteilsvermögen bedroht, gewarnt wird. Indizien für einen beginnenden Wandel sind in diesem Kontext nicht auszumachen:

> (Athener): (…) Da von ihr nämlich weit mehr Aufhebens gemacht wird als von der Nachbildung, bedarf es hier auch weit größerer Vorsicht als bei allen anderen. (…).

Das dritte Buch, das den vorbereitenden Teil des Gesprächs abschließt, versucht, durch eine geschichtliche Betrachtung über Ursprung und Entwicklung des Staates die erfahrungsgemäße Bestätigung der bisher entwickelten Grundsätze für das staatliche Leben zu geben. Ein absoluter Anfang des Menschengeschlechts ist, wie es scheint, nicht zu finden, sondern einzig und allein ein relativer, der immer wieder nach großen Katastrophen einsetzt. Von diesem Fixpunkt aus schließen sich einzelne Ausführungen über die Entstehung und Entwicklung von Staaten bis hin zu den dorischen Gründungen an, von denen als einziges Sparta Bestand hat, woraus sich schnell die Frage nach der Ursache ergibt. Die Begründung dafür, die in einem langen Gespräch erläutert wird, ist wohl in der vernünftigen Teilung der Staatsgewalten in monarchische und demokratische Elemente zu sehen, denen die einseitigen Staatsformen im Perserreich und Athen gegenüber stehen. Im Rahmen der Darstellung der einseitigen Staatsformen des Königtums kommt es zu zwei in kurzem Abstand aufeinander folgenden Aussagen des Atheners, die für diese Untersuchung relevant sind (691b1):

> *(...)* ΑΘ. εἶεν: τί δὴ τὸν νομοθέτην ἔδει τότε τιθέντα **εὐλαβηθῆναι** τούτου περὶ τοῦ πάθους τῆς γενέσεως; (...)

Der Infinitiv Aorist des Verbum simplex εὐλαβεῖσθαι steht in Abhängigkeit vom unpersönlich konstruierten Verbum ἔδει, das seiner Form nach im Indikativ Imperfekt steht und eine irreale hypothetische Möglichkeit zum Ausdruck bringt. Die Frage des Atheners lautet, wobei sich der damalige König von Messene als εὐλαβηθῆναι hätte zeigen müssen, um eine Aufkommen der Krankheit zu verhindern. Die Wiedergabe von εὐλαβεῖσθαι im Deutschen mit den Begrifflichkeiten *in Acht nehmen vor* und *auf der Hut sein vor* trifft am besten, da von einer konkreten Gefahr in der Form einer Krankheit die Rede ist, deren Nichtbeachtung zum Untergang des Königtums geführt hat. Die klassische Semantik ist aus Gründen des Bezugs auf die Gefahr für das Königtum den nachklassischen Möglichkeiten vorzuziehen:

> (…) Athener: Gut. Was hätte also der damalige Gesetzgeber durch seine Gesetzgebung verhüten müssen, um diese Krankheit nicht aufkommen zu lassen? (…).

In gleicher Weise ist die wenige Zeilen später getroffene Aussage des Atheners zu beurteilen, in der dieser Megillos gegenüber nochmals die zuvor angesprochene Krankheit als Mangel an Erkenntnis bezeichnet (691d4):

> (ΑΘ.) (...) τοῦτ᾽ οὖν **εὐλαβηθῆναι** γνόντας τὸ μέτριον μεγάλων νομοθετῶν. (...)

Der Infinitiv Aorist des Verbum simplex εὐλαβεῖσθαι steht in Abhängigkeit des *Genitivus possessivus*, der in übertragener Bedeutung bei unpersönlich konstruiertem εἶναι steht. Der Athener behauptet, es sei die Pflicht großer Gesetzgeber, sich vor dieser nun konkretisierten Krankheit aufgrund der Erkenntnis des richtigen Maßes als εὐλαβηθῆναι zu zeigen. Die Wiedergabe von εὐλαβεῖσθαι im Deutschen ist auch in diesem Kontext, wie zuvor bereits geschehen, am treffendsten mit den Begrifflichkeiten *sich in Acht nehmen vor* und *auf der Hut sein vor* vorzunehmen, da wiederum von der Metaphorik des Mangels an Erkenntnis als Krankheit die

Rede ist, deren Nichtbeachtung zum Untergang eines Staates führt. Argumente für den Beginn einer Semantikwandelung sind nicht aufzufinden:

> (Athener): (…) Dies also auf Grund der Erkenntnis des richtigen Maßes zu verhüten, ist die Aufgabe großer Gesetzgeber. (…).

Da die Ergebnisse des dritten Buches nach den Worten des Atheners, um deren Richtigkeit zu beweisen, nun einer Probe unterzogen werden müssen, bietet es sich geradezu an, dass Kleinias im Begriffe steht, auf Kreta einen Staat der Magneten zu gründen. Dadurch nämlich braucht es eine Mustergesetzgebung, welche in den folgenden Büchern entwickelt werden soll.

Das in der Reihenfolge der *Nomoi* vierte Buch liefert keine relevanten Textstellen. Daher ist Buch IV nicht Teil der Untersuchung. Das im vierten Buch begonnene Programm wird allerdings in Buch V, das drei relevante Textpassagen liefert, in der Fortsetzung der Ansprache an die Siedler behandelt, die einen Katalog von Pflichten als Aufmunterung zur Tugend bietet. Während der Konkretisierung des Katalogs äußert sich der Athener zunächst über die Pflichterfüllung gegenüber Kindern und Jungendlichen (729b5) folgendermaßen:

> (ΑΘ.) (...) ὁ δὲ ἔμφρων νομοθέτης τοῖς πρεσβυτέροις ἂν μᾶλλον παρακελεύοιτο αἰσχύνεσθαι τοὺς νέους, καὶ πάντων μάλιστα **εὐλαβεῖσθαι** μή ποτέ τις αὐτὸν ἴδῃ τῶν νέων ἢ καὶ ἐπακούσῃ δρῶντα ἢ λέγοντά τι τῶν αἰσχρῶν, ὡς ὅπου ἀναισχυντοῦσι γέροντες, ἀνάγκη καὶ νέους ἐνταῦθα εἶναι ἀναιδεστάτους: (...)

Der in diesem Zusammenhang verwendete durative Infinitiv Präsens εὐλαβεῖσθαι steht in Abhängigkeit des übergeordneten Verbums παρακεκεύεσθαι. Nicht nur schamhaftes Verhalten der Jungen gegenüber den Alten wird verlangt, sondern auch das Gegenteil, in dessen Kontext der Gesetzgeber den alten Menschen besonders ans Herz legt, sich als εὐλαβεῖσθαι zu zeigen, dass kein junger Mensch jemals einen Alten etwas Schändliches tun sehe. Dass der Infinitiv εὐλαβεῖσθαι eindeutig mit den Begrifflichkeiten *auf der Hut sein* und *sich in Acht nehmen vor* zu übersetzen ist, geht sehr klar aus der nachfolgenden Formulierung hervor, durch welche die mögliche Gefahr bei Nichtbeachten der Aufforderung benannt wird: ὡς ὅπου ἀναισχυντοῦσι γέροντες, ἀνάγκη καὶ νέους ἐνταῦθα εἶναι ἀναιδεστάτους. Da die Gefahr eindeutig im zwischenmenschlichen Bereich des Verhaltens angesiedelt ist, sind gewandelte nachklassische Begrifflichkeiten von εὐλαβεῖσθαι wohl auszuschließen:

> (Athener): (…) Vielmehr wird der verständige Gesetzgeber den älteren Leuten ans Herz legen, sich den jüngeren Leuten gegenüber ihrerseits schamhaft zu benehmen und vor allem sich davor zu hüten, dass jemals ein Jüngerer einen von ihnen etwas Schimpfliches tun sehen oder reden höre. Denn wo das Alter schamlos ist, da ist es die Jugend notwendigerweise erst recht. (…).

Die zweite Passage befindet sich in der Darstellung der Pflichterfüllung gegenüber Fremden und Bittflehenden. Platon lässt den Athener seine Meinung mit folgenden Worten zusammenfassen (730a2):

> (ΑΘ.) (...) πολλῆς οὖν **εὐλαβείας**, ᾧ καὶ σμικρὸν προμηθείας ἔνι, μηδὲν ἁμάρτημα περὶ ξένους ἁμαρτόντα ἐν τῷ βίῳ πρὸς τὸ τέλος αὐτοῦ πορευθῆναι. (...)

Der Genitiv des Substantivs εὐλάβεια korreliert in diesem Kontext direkt mit dem sich im Nebensatz befindlichen Substantiv προμήθεια.

Der Athener ist der Meinung, dass der Mann, dem προμήθεια, welche am treffendsten mit *vorausschauender Klugheit* zu übersetzen ist, innewohnt, auch εὐλάβεια besitzt, weshalb er bis an sein Lebensende keinen Frevel an Fremden begeht. Die Eigenschaft der εὐλάβεια, die in diesem Zusammenhang durch den Besitz der προμήθεια bedingt wird, sollte daher im Deutschen am ehesten mit *Vorsicht* und *Achtsamkeit* wiedergegeben werden, die sich auf den rein äußeren Akt des Frevels an Dritten beziehen. Indizien für eine gewandelte Wiedergabe, sind nicht gegeben:

> (Athener): (…) Wer also auch nur ein Fünkchen vorausschauender Klugheit in sich trägt, der hütet sich bis ans Ende seines Lebens sorgfältig vor jedem Vergehen gegen Fremde. (…).

Die dritte und letzte Textstelle des fünften Buches findet sich in einem anderen inhaltlichen Zusammenhang. Nach den als göttlich apostrophierten Pflichten und Eigenschaften werden zum Schluss der als Einleitung fungierenden Ansprache noch menschliche Eigenschaften angefügt, womit der ‚Vorspruch' abgeschlossen ist und ein skizzenhafter Abriss der Staatsgesetze folgen soll. Aus der engen Verwebung der Regierenden und Regierten ergibt sich zwar die Aufgabe, zuerst über die Beamten mit ihren Pflichten, dann über die Gesetze für diese Beamten zu diskutieren. Zunächst aber soll die Besiedlung und Aufteilung des für eine Staatsgründung notwendigen Landes besprochen werden. In diesen Zusammenhang ist die Äußerung des Atheners eingebettet (736c5):

> (ΑΘ.) (...) τόδε δὲ μὴ λανθανέτω γιγνόμενον ἡμᾶς εὐτύχημα, ὅτι καθάπερ εἴπομεν τὴν τῶν Ἡρακλειδῶν ἀποικίαν εὐτυχεῖν, ὡς γῆς καὶ χρεῶν ἀποκοπῆς καὶ νομῆς πέρι δεινὴν καὶ ἐπικίνδυνον ἔριν ἐξέφυγεν, ἣν νομοθετεῖσθαι ἀναγκασθείσῃ πόλει τῶν ἀρχαίων οὔτε ἐᾶν οἷόν τε ἀκίνητον οὔτ' αὖ κινεῖν δυνατόν ἐστί τινα τρόπον, εὐχὴ δὲ μόνον ὡς ἔπος εἰπεῖν λείπεται, καὶ σμικρὰ μετάβασις **εὐλαβὴς** ἐν πολλῷ χρόνῳ σμικρὸν μεταβιβάζουσιν, ἥδε: (...)

Das hier verwendete Adjektiv εὐλαβής bezieht sich seiner Flexion nach auf das Substantiv μετάβασις. Die Worte des Atheners befassen sich mit der Problematik von Landverteilung und Schuldenerlass, die der zu gründenden Kolonie auf Kreta erspart bleibt. Dadurch bleiben nur ein frommer Wunsch und ein geringer Fortschritt, der die Eigenschaften eines εὐλαβής aufweist, übrig, wenn mit der Zeit überhaupt Fortschritt zu verbuchen sein wird. Die Bedeutung des Adjektivs erschließt sich nicht auf den ersten Blick, da die klassisch belegten Begrifflichkeiten (*vorsichtig; behutsam; achtsam*) sich als wenig prägnant im Zusammenhang mit Fortschritt erweisen. *Per definitionem* ist εὐλαβής als Eigenschaft anzusehen, die sich in der Regel auf Personen, nicht aber auf abstrakte Begriffe und Gegenstände bezieht. Die bewusste Wahl eines solchen Adjektivs, das sich auf einen solchen Begriff wie μετάβασις bezieht, lässt sich nur aus der semantischen Eigentümlichkeit erklären. Platon lässt den Fortschritt (μετάβασις) als fast metaphorisch wirkende Person auftreten, die sich allmählich (in der Eigenschaft eines εὐλαβής, im Deutschen am treffendsten mit *voller vorsichtiger Zurückhaltung* wiederzugeben) im Staat ausbreitet, um nicht selbst in Gefahr zu geraten oder anderen Gefahr zu bringen. Allein diese personifizierte Auffassung der μετάβασις liefert eine nachvollziehbare Erklärung von εὐλαβής, das gemäß dem Textverständnis einzig sinnvoll mit den klassisch belegten Begrifflichkeiten der *Vorsicht* und *Achtsamkeit* wiederzugeben ist. Argumente für den Beginn einer Semantikwandlung sind nicht auszumachen:

> (Athener): (…) Als einen besonderen Umstand von Glück müssen wir dies hervorheben, dass wir uns in einer ähnlichen günstigen Lage befinden wie wir sie der Kolonie der Herakliden nachrühmen durften: dass ihr nämlich der unselige und gefährliche Streit über

> Landverteilung und Schuldenerlass erspart blieb, ein Punkt, der, wenn einer von den alten Staaten sich genötigt sieht, zu einer neuen Gesetzgebung zu schreiten, nicht unberührt bleiben kann und andererseits doch auch wieder eine Berührung doch nur schwer verträgt. Es bleibt denn also, so zu sagen, nur der fromme Wunsch noch übrig und ein kaum merklicher vorsichtiger Fortschritt, der lange Zeit in Anspruch nimmt, um auch nur einen geringen Fortgang zu erzielen. (…).

In Buch VI wird zu der im fünften Buch angesprochenen Doppelaufgabe der Bestimmung von Beamten und Gesetzen übergegangen. Nach der Erwähnung von Schwierigkeiten bei der Besetzung von Ämtern wird zunächst die Klasse der Gesetzeswächter besprochen, worauf Gespräche über die Einsetzung der Militärbeamten und des Rates folgen. Sakrale Ämter sollen mit durch Losentscheid ausgewählten Priestern besetzt werden. Die Einsetzung von Landaufsehern, des Stadtaufsehers, Marktaufsehern und des Erziehungsministers sowie der Gerichtsbarkeit bilden den Abschluss der Bestimmung über die Beamten. Im Anschluss daran kommt es zur Behandlung der Gesetze. Die Aufgabe der Gesetzgeber ist es zunächst, Gesetze so genau wie möglich zu verfassen, die erst später ergänzt werden sollen. Im Einzelnen beziehen sich die Gesetze auf die Organisation von Götterfesten, auf die nach einem Vorspruch detaillierte Vorschriften für Ehe, Haushalt und Kinderzeugung mit Strafandrohung für Ehelosigkeit folgen. In diesem Rahmen findet sich eine Äußerung des Atheners zur Vorschrift der Kinderzeugung, die eine zu untersuchende Textpassage aufweist (775d4):

> (ΑΘ.) (...) διὸ μᾶλλον μὲν ὅλον τὸν ἐνιαυτὸν καὶ βίον χρή, μάλιστα δὲ ὁπόσον ἂν γεννᾷ χρόνον, **εὐλαβεῖσθαι** καὶ μὴ πράττειν μήτε ὅσα νοσώδη ἑκόντα εἶναι μήτε ὅσα ὕβρεως ἢ ἀδικίας ἐχόμενα—εἰς γὰρ τὰς τῶν γεννωμένων ψυχὰς καὶ σώματα ἀναγκαῖον ἐξομοργνύμενον ἐκτυποῦσθαι καὶ τίκτειν πάντῃ φαυλότερα—διαφερόντως δὲ ἐκείνην τὴν ἡμέραν καὶ νύκτα ἀπέχεσθαι τῶν περὶ τὰ τοιαῦτα: (...)

Der Infinitiv Präsens εὐλαβεῖσθαι, der eine fortwährende Haltung zum Ausdruck bringt, hängt in diesem Kontext direkt vom unpersönlich konstruierten Verbum χρή ab, das die Notwendigkeit dieser Haltung noch weiter hervorhebt. Die Aufforderung besteht dem Inhalt entsprechend darin, dass sich die im zeugungsfähigen Alter befindlichen Staatsbürger als εὐλαβεῖσθαι zeigen müssen, besonders ihrer Gesundheit keinen Schaden zuzufügen, da es bei Missachtung oder Zuwiderhandlung zu Fruchtschädigung kommen kann. Die Bedeutung von εὐλαβεῖσθαι fällt einmal mehr in den klassisch belegten Bereich der Begrifflichkeiten *auf der Hut sein* und *sich hüten vor* sowie *achtsam sein vor* und *sich in Acht nehmen vor*, wie es durch die Benennung der konkreten Gefahr impliziert wird. Indizien für eine einsetzende Begriffswandlung sind in dieser Passage nicht aufzufinden:

> (Athener): (…) Daher soll man, wie überhaupt den ganzen Ablauf der Lebensjahre hindurch, so insbesondere während der Jahre der Zeugung sich hüten, so weit es von unserem Willen abhängt, irgend etwas zu tun, was für die Gesundheit schädlich ist und was auf Übermut und Frevel hinausläuft, denn unvermeidlich überträgt sich das Gepräge des Erzeugers auf Seele und Leib des Erzeugten, und das Ergebnis ist eine durchgängige Verschlechterung. (…).

Thematisch behandeln das siebte Buch und die erste Hälfte des achten Buches die Erziehung und die Bildung der Kinder, bereits im Mutterleib beginnend bis hin zum Unterricht in Mathematik und Astronomie. Diese Erziehung vollzieht sich in altersbezogenen Stufen, für deren erste drei bis zum 10. Lebensjahr keine Gesetze, sondern nur Anweisungen für Erzieher im Elternhaus vorliegen. Vom 10. Jahr an treten Gymnastik und Musenkunst in den Mittelpunkt der Erziehung. Die Stufe vom 10. bis zum 13. Jahr umfasst Unterricht in Lesen und Schreiben und die Lektüre ausgewählter Texte in Dichtung und Prosa. Besonders letzteres ist von großem Interesse, da zu den Prosatexten auch die Proömien der Gesetze gehören. Die vier zu untersuchenden Textpassagen, die Buch VII bietet, befinden sich in den verschiedenen Unterrichtsstufen der Kinder. Die erste offenbart sich in einem längeren Gesprächsteil des Atheners über die Kindererziehung bis zum dritten Lebensjahr (789e3)

> (ΑΘ.) (...) καὶ δὴ καὶ τὰς τροφοὺς ἀναγκάζωμεν νόμῳ ζημιοῦντες τὰ παιδία ἢ πρὸς ἀγροὺς ἢ πρὸς ἱερὰ ἢ πρὸς οἰκείους ἀεί πῃ φέρειν, μέχριπερ ἂν ἱκανῶς ἵστασθαι δυνατὰ γίγνηται, καὶ τότε, **διευλαβουμένας** ἔτι νέων ὄντων μή πῃ βίᾳ ἐπερειδομένων στρέφηται τὰ κῶλα, ἐπιπονεῖν φερούσας ἕως ἂν τριετὲς ἀποτελεσθῇ τὸ γενόμενον; (…)

In dieser fast ironisch klingenden Frage des Atheners wird die Partizip Präsens Form des Kompositums διευλαβεῖσθαι verwendet, das sich seinem Kasus nach auf das im Akkusativ Plural stehende Substantiv τροφός bezieht und in einer modal-hypotaktischen Konstruktion in den Hauptsatz eingegliedert ist. Das Kompositum διευλαβεῖσθαι ist in der Regel eine Verstärkung der Bedeutung des Verbum simplex εὐλαβεῖσθαι. Der athenische Gastfreund lenkt seine Frage auf die den Ammen (vermeintlich) zuzuweisenden Aufgaben gegenüber den zu erziehenden Kleinkindern. Müssen sie selbst dann noch, wenn die Kinder bereits auf eigenen Beinen stehen, sich als διευλαβεῖσθαι zeigen, damit sich die Kinder ja keine Verletzungen bei ihren Laufübungen zufügen? Die Wiedergabe der Verbalform διευλαβεῖσθαι lässt in diesem Zusammenhang einzig die klassische Semantik – *sehr große Vorsicht* und *Achtsamkeit* – als Möglichkeiten zu, da von einer konkret körperlichen Gefährdung des schutzbefohlenen Kindes die Rede ist. Nachklassische Bedeutungen sind weniger vertretbar und werden deshalb nicht in Erwägung gezogen:

> (Athener): (…) Und sollen wir weiterhin auch noch die Ammen durch Gesetz bei Strafe dazu zwingen, die Kinder regelmäßig aufs Land oder in den Tempel oder wer weiß wohin zu Verwandten zu tragen, bis sie soweit sind, auf den eigenen Beinen zu stehen, und dann noch sorgsam darüber zu wachen, dass sich die noch jungen Geschöpfe nicht etwa durch irgend welches gewaltsames Anstemmen die Glieder überdehnen, und darum noch weiter sich mit dem Tragen desselben abzuquälen, bis das junge Wesen sein drittes Lebensjahr vollendet hat? (…).

In identischer Bedeutung ist die Verbalform διευλαβεῖσθαι auch in der zweiten Textpassage im Zusammenhang mit der Darstellung der Gefahren von Neuerungen in Spiel und Gesetz aufgrund des negativen Einflusses auf die Gesinnung konstruiert. Dort gibt der Athener folgendes zu Beginn zu bedenken (797a2):

> (ΑΘ.) (...) ὅμως δὲ τό γε σφόδρα ἄτοπον καὶ ἄηθες **διευλαβεῖσθαι** δεῖ λέγοντα καὶ ἀκούοντα, καὶ δὴ καὶ νῦν. (…)

Der Infinitiv Präsens διευλαβεῖσθαι hängt in diesem Zusammenhang direkt vom unpersönlich konstruierten Verbum δεῖ ab, das die Notwendigkeit einer Haltung noch stärker hervorhebt. Dem Kontext nach handelt es sich um eine Aufforderung des Atheners, sich als διευλαβεῖσθαι zu zeigen, denn die Thematik ist ἄτοπον καὶ ἄηθες, wodurch die Gefahr des Falschverstehens gefördert wird. Da von einer konkreten Gefährdung die Rede ist, sollte die Wiedergabe des Verbums διευλαβεῖσθαι im Deutschen wie im zuvor genannten Fall von 789e6 zu begründen sein:

> (Athener): (…) Indes, da es sich um etwas ganz Seltsames und Ungewöhnliches handelt, müssen Sprecher und Zuhörer ganz besonders auf der Hut sein, und das ist auch jetzt der Fall. (…).

Im gleichen Kontext der Erörterung der Gefahren von Neuerungen in Spiel und Gesetz erfolgt eine dritte Aussage des athenischen Gastfreundes, die eine für die Untersuchung relevante Textpassage beinhaltet (798d2). Dort äußert sich dieser folgendermaßen:

> (ΑΘ.) (...) ὅσα δὲ περὶ τὰ τῶν ἠθῶν ἐπαίνου τε καὶ ψόγου πέρι πυκνὰ μεταπίπτει, πάντων, οἴομαι, μέγιστά τε καὶ πλείστης **εὐλαβείας** δεόμενα ἂν εἴη. (...)

Im Kontext der Textstelle steht der Genitiv des Substantivs εὐλάβεια, das der Konstruktion nach von δεῖσθαι abhängt. Der Athener vertritt vehement die Ansicht, dass der häufige Wechsel auf dem Gebiet des Sittlichen und Unsittlichen am schlimmsten ist und das größte Maß an εὐλάβεια bedarf. Die Wiedergabe des Substantivs bereitet im Deutschen keinerlei Schwierigkeiten, da der einsetzende Beginn einer semantischen Wandlung hier nicht nachzuweisen ist. Aufgrund der Nennung von Gefahren, die sich auf die Gesinnung negativ auswirken, ist die Übersetzung von εὐλάβεια mit den deutschen Begrifflichkeiten *Vorsicht* und *Achtsamkeit* durchaus zu befürworten:

> (Athener): (…) Dagegen ist, so bin ich der festen Meinung, häufiger Wechsel auf dem Gebiet des sittlich Löblichen und Verwerflichen am allerschädlichsten und bedarf der größten Vorsicht. (…).

Die letzte zu untersuchende Textpassage im siebten Buch der *Nomoi* findet sich in der Diskussion über die Schule und die Schulausbildung. Im Zusammenhang mit der Ausbildung in kriegerischen und friedlichen Tanzarten, die edle Figuren ausdrücken, ist folgendes aus dem Mund des Atheners zu hören (815a1):

> (ΑΘ.) (...) τὴν πολεμικὴν δὴ τούτων, ἄλλην οὖσαν τῆς εἰρηνικῆς, πυρρίχην ἄν τις ὀρθῶς προσαγορεύοι, τάς τε **εὐλαβείας** πασῶν πληγῶν καὶ βολῶν ἐκνεύσεσι καὶ ὑπείξει πάσῃ καὶ ἐκπηδήσεσιν ἐν ὕψει καὶ σὺν

> ταπεινώσει μιμουμένην, καὶ τὰς ταύταις ἐναντίας, τὰς ἐπὶ τὰ δραστικὰ φερομένας αὖ σχήματα, ἔν τε ταῖς τῶν τόξων βολαῖς καὶ ἀκοντίων καὶ πασῶν πληγῶν μιμήματα ἐπιχειρούσας μιμεῖσθαι: (...)

Der Akkusativ des Substantivs εὐλάβεια steht in diesem Zusammenhang in Abhängigkeit des Verbums μιμεῖσθαι. Es ist die Rede von den Eigenarten des kriegerischen Tanzes, die in nachahmender Weise die Arten der εὐλάβεια darstellen, wie Schläge und Hiebe durch Beugungen, Ausweichen, hohe Sprünge oder auch durch Niederducken auf die Erde zu parieren sind. Die Bedeutung des im Plural stehenden Begriffs der εὐλάβεια kann in diesem Zusammenhang nicht mit den abstrakten Begriffen der *Vorsicht* und *Achtsamkeit* wiedergegeben werden, obgleich der Kontext von Angriffen gegen den Körper und somit von körperlicher Gefahr berichtet, wodurch die Wahrscheinlichkeit einer einsetzenden Bedeutungswandelung auszuschließen ist. Die Wiedergabe von εὐλάβειαι sollte daher mittels der konkreten Begrifflichkeit der *ausweichenden Bewegungen*, die alle die Eigenart der *Vorsicht* und der *Achtsamkeit* in sich tragen, der abstrakten Begriffswiedergabe vorgezogen werden:

> (Athener): (…) Für die kriegerische wird man dann im Gegensatz zu dieser friedlichen als richtige Bezeichnung den Namen Pyrrische brauchen. Durch sie werden nachahmend einerseits die wohl berechneten Körperwendungen dargestellt, durch die man sich vor allen Arten von Schlägen und Hieben schützt durch Beugeungen, Ausweichen und hohe Sprünge oder auch durch Niederducken auf die Erde, andererseits die auf den Angriff berechneten Körperstellen, wie sie für Bogenschießen, Speerwerfen und alle Arten von Hieben und Stößen erforderlich sind. (…).

Inhaltlich befasst sich das achte Buch mit der Problematik der Erwachsenenbildung. Diese unterteilt sich in mehrere Gebiete und betrifft vor allem religiöse Feste, sportliche Wettkämpfe und militärische Ausbildung. Das Ziel der Erwachsenenbildung ist das Bewirken der Harmonie von Körper und Seele, wobei moralische Aspekte durch Vorschriften hinsichtlich der Sexualität hinzukommen. Von Bedeutung für die vorliegende Untersuchung sind insgesamt fünf verschiedene Textpassagen, von denen die ersten beiden im Kontext der Vorbereitung für den Krieg und der Notwendigkeit der militärischen Übungen stehen; über deren radikale Durchführung äußert sich der Athener mit diesen Worten (829b2):

> (ΑΘ.) (...) δεῖ τοίνυν πόλιν ἑκάστου μηνὸς νοῦν κεκτημένην στρατεύεσθαι μὴ ἔλαττον μιᾶς ἡμέρας, πλείους δέ, ὡς ἂν καὶ τοῖς ἄρχουσιν συνδοκῇ, μηδὲν χειμῶνας ἢ καύματα **διευλαβουμένους**, αὐτούς τε ἅμα καὶ γυναῖκας καὶ παῖδας, ὅταν ὡς πανδημίαν ἐξάγειν δόξῃ τοῖς ἄρχουσιν, τοτὲ δὲ καὶ κατὰ μέρη: (...)

In diesem Zusammenhang wird das Partizip Präsens des Kompositums διευλαβεῖσθαι verwendet, das in direkter Abhängigkeit des unpersönlich konstruierten Verbums deiq steht und sich auf den Akkusativ des nach δεῖ folgenden AcI bezieht. Über die Durchführung der Manöver in einem wirklich vernünftig geleiteten Staat gibt der Athener die Anweisungen, dass in einem Zeitraum von mehreren Tagen sowohl Männer als auch Frauen und Kinder teilnehmen sollen. Diese dürfen sich in keinster Weise als διευλαβεῖσθαι gegenüber Kälte und Hitze zeigen. Die Bedeutung von διευλαβεῖσθαι ist im Deutschen am treffendsten mit der konkreten Begrifflichkeit der *Rücksichtnahme*, welche die abstrakten Begrifflichkeiten *sich in Acht nehmen* und *achtsam sein* beinhaltet, wiederzugeben. Die Möglichkeit einer Semantikverschiebung ist mit dem Verweis auf die den Körper beeinträchtigenden klimatischen Situationen für diesen Kontext auszuschließen:

> (Athener): (…) In einem wirklich vernünftig geleiteten Staat müssen also in jedem Monat mindestens an einem Tag, aber je nach Ermessen der Behörden auch an mehreren Tagen, Manöver stattfinden, ohne Rücksicht auf Kälte und Hitze, woran sich zugleich auch Frauen und Kinder beteiligen, wenn das Manöver nach Beschluss der Behörden ein allgemeines sein soll, in anderen Fällen erstreckt es sich nur auf einzelne Abteilungen. (…).

Über die Ernsthaftigkeit der eigentlichen militärischen Ausbildung gibt der athenische Gastfreund im weiteren Kontext am Beispiel des Faustkämpfers zu bedenken (830a6):

> (ΑΘ.) (...) ἢ πύκται γε ὄντες παμπόλλας ἂν ἡμέρας ἔμπροσθεν τοῦ ἀγῶνος ἐμανθάνομέν τε ἂν μάχεσθαι καὶ διεπονούμεθα, μιμούμενοι πάντα ἐκεῖνα ὁπόσοις ἐμέλλομεν εἰς τότε χρήσεσθαι περὶ τῆς νίκης διαμαχόμενοι, καὶ ὡς ἐγγύτατα τοῦ ὁμοίου ἰόντες, ἀντὶ ἱμάντων σφαίρας ἂν περιεδούμεθα, ὅπως αἱ πληγαί τε καὶ αἱ τῶν πληγῶν **εὐλάβειαι** διεμελετῶντο εἰς τὸ

> δυνατὸν ἱκανῶς, εἴ τέ τις ἡμῖν συγγυμναστῶν συνέβαινεν ἀπορία πλείων, ἆρ' ἂν δείσαντες τὸν τῶν ἀνοήτων γέλωτα οὐκ ἂν ἐτολμῶμεν κρεμαννύντες εἴδωλον ἄψυχον γυμνάζεσθαι πρὸς αὐτό; (...)

Wie zuvor bereits in 815a3 gesehen, wird auch in diesem Zusammenhang der Begriff εὐλάβειαι, der im Nominativ Plural steht, verwendet. Es ist die Rede von den Trainingsmethoden des Boxers, der sich verschiedene Angriffstechniken und Verteidigungstechniken sowohl im Sparring als auch an einem Sandsack antrainiert. Der Begriff der εὐλάβειαι bezieht sich auf die Schläge, mit denen der Gegner angreift, dessen Wiedergabe im Deutschen durch die konkrete Begrifflichkeiten der *ausweichenden Bewegungen*, die alle die Eigenart der *Vorsicht* und der *Achtsamkeit* in sich tragen, am treffendsten ist[40]:

> (Athener): (…) Oder aber, wenn wir Faustkämpfer wären, würden wir denn nicht schon lange vorher Tag für Tag uns darum bemühen, diese Art zu kämpfen zu erlernen, und uns mit vollstem Eifer alle Kunstgriffe aneignen, mit deren Hilfe wir im wirklichen Wettkampf den Sieg zu erringen hoffen dürfen? Und würden wir nicht, um der Wirklichkeit so nahe wie möglich zu kommen, unsere Hände statt mit den Boxriemen mit einem Ball umhüllen, um so im Angreifen als auch im Ausweichen vor Schlägen es durch Übung zu möglicher Sicherheit zu bringen, und wenn es uns an Sparringspartnern ganz und gar fehlt, würden wir dann etwa aus Angst vor dem Spott unvernünftiger Leute uns scheuen, eine leblose Puppe aufzuhängen, um uns an ihr zu üben? (…).

Die dritte Textstelle befindet sich im Kontext der Einrichtung von Gesetzen zur Sexualität. Dort heißt es aus dem Mund des Atheners (835e5):

> (ΑΘ.) (...) καὶ τῶν μὲν πολλῶν οὐ θαυμαστὸν ἐπιθυμιῶν εἰ κρατοῖ τὰ πρόσθεν νόμιμα ταχθέντα—τὸ γὰρ μὴ πλουτεῖν τε ἐξεῖναι ὑπερβαλλόντως ἀγαθὸν πρὸς τὸ σωφρονεῖν οὐ σμικρόν, καὶ πᾶσα ἡ παιδεία μετρίους πρὸς τὰ τοιαῦτ' εἴληφεν νόμους, καὶ πρὸς τούτοις ἡ τῶν ἀρχόντων ὄψις διηναγκασμένη μὴ ἀποβλέπειν ἄλλοσε, τηρεῖν δ' ἀεί, τοὺς νέους τ' αὐτούς, πρὸς μὲν τὰς ἄλλας

40 Für die Begründung der Übersetzungswahl siehe die Beurteilung der Textpassage zu 815a3.

> ἐπιθυμίας, ὅσα γε ἀνθρώπινα, μέτρον ἔχει—τὰ δὲ δὴ τῶν ἐρώτων παίδων τε ἀρρένων καὶ θηλειῶν καὶ γυναικῶν ἀνδρῶν καὶ ἀνδρῶν γυναικῶν ὅθεν δὴ μυρία γέγονεν ἀνθρώποις ἰδίᾳ καὶ ὅλαις πόλεσιν, πῶς τις τοῦτο **διευλαβοῖτ**' ἄν, καὶ τί τεμὼν φάρμακον τούτοις ἑκάστοις τοῦ τοιούτου κινδύνου διαφυγὴν εὑρήσει; (...)

Einmal mehr wird an dieser Stelle das Kompositum διευλαβεῖσθαι verwendet, das in der Konstruktion eines in eine Frage eingebundenen Potentialis steht. Die Rede ist von den widernatürlichen homosexuellen Liebesleidenschaften, woraus unsägliches Unheil für Menschen und ganze Staaten entstanden ist. Diese gipfelt in der Frage, wie man sich wohl als διευλαβεῖσθαι zeigen dürfte, um einer solchen Gefahr entrinnen zu können. Da von einer eindeutigen Gefährdung für den ganzen Staat die Rede ist, liegt die Entscheidung für die Übersetzung des Kompositums mit den für die klassische Semantik belegten Begriffen der *sehr großen Vorsicht* und *Achtsamkeit* nahe, die durchaus die Sprecherintention im Deutschen adäquat wiedergibt. Indizien für eine einsetzende Bedeutungswandlung sind in diesem Kontext nicht auszumachen:

> (Athener): (…) Denn was die zahlreichen übrigen Begierden betrifft, so darf man wohl erwarten, dass die früher getroffenen gesetzlichen Einrichtungen zu ihrer Bekämpfung ausreichen – trägt doch das Verbot der Ansammlung übermäßigen Reichtums nicht wenig zur Förderung der Besonnenheit bei, wie denn die ganze Erziehungsgesetzgebung zweckmäßig in dem gleichen Sinne wirkt, wozu noch die Aufsicht der Behörden, die pflichtgemäß ihren Blick immer eben darauf gerichtet halten und die Jugend beobachten müssen, wodurch die anderen Begierden in Schranken gehalten werden, soweit dies eben mit menschlichen Mitteln möglich ist -, die widernatürlichen Liebesleidenschaften von Knaben für Knaben und Mädchen für Mädchen sowie von Männern für Männer und von Frauen für Frauen, woraus unsägliches Unheil für Menschen und ganze Staaten entstanden ist, wie könnte man diesen vorbeugen und welches Gegenmittel lässt sich finden, um einer solchen Gefahr zu entrinnen? (…).

Die letzten beiden zu untersuchenden Textstellen des achten Buches befinden sich im Kontext der Gesetze über den landwirtschaftlichen Bereich, im Speziellen über die Schädigungen des Nachbarn. Im Zusammenhang mit der Feldbestellung äußert sich der athenische Gastfreund zunächst folgendermaßen (843c2):

> (ΑΘ.) (...) διὸ χρὴ πάντως **εὐλαβεῖσθαι** γείτονα γείτονι μηδὲν ποιεῖν διάφορον, τῶν τε ἄλλων πέρι καὶ δὴ καὶ ἐπεργασίας συμπάσης σφόδρ' ἀεὶ **διευλαβούμενον**: (...)

Der in dieser Passage verwendete Infinitiv Präsens εὐλαβεῖσθαι, dessen Tempus fortwährende Gültigkeit zum Ausdruck bringt, ist in Abhängigkeit vom unpersönlichen Verbum χρή konstruiert, das die Notwendigkeit dieser Haltung noch weiter hervorhebt. Die zweite Verbalform διευλαβεῖσθαι, die in der Flexion des Partizip Präsens im Akkusativ steht, bezieht sich auf den durch das Verbum χρή bedingten AcI. Auch das präsentische Tempus des Partizips impliziert fortwährenden Charakter. Eingebunden sind die Formen εὐλαβεῖσθαι und διευλαβεῖσθαι in eine Aufforderung des Atheners an die Staatsbürger: Ein Nachbar muss sich als εὐλαβεῖσθαι zeigen, etwas zu tun, was zum Streit mit dem anderen Nachbarn führen könnte. Dabei müsste er sich vor allem in der Feldbestellung besonders als διευλαβεῖσθαι zeigen. Die Übersetzung der beiden Verbformen erweist sich als wenig schwierig, da im Kontext von einer (äußeren) Konsequenz bei Nichtbeachten die Rede ist. Die Gefahr liegt darin, dass Streit zwischen den Nachbarn ausbrechen kann, der durch unüberlegte Handlungen herbeigeführt worden ist. Besonders eine Streit hervorrufende Handlung, das Übergreifen in die Feldbestellung, wird von Platon durch die Worte des Atheners nachdrücklich hervorgehoben. Davor müssen sich die Nachbarn am meisten als διευλαβεῖσθαι zeigen. Die Übersetzung dürfte daher am treffendsten mit den deutschen Begrifflichkeiten *sich in Acht nehmen vor* und *sich hüten vor* wiederzugeben sein, wie sie für die klassische Semantik belegt sind. Die Verbalform von διευλαβεῖσθαι, die eine Haltung stärker zum Ausdruck bringt, ist ebenso im klassisch belegten Sinn mit den Begriffen *sich sehr in Acht nehmen vor* und *sich sehr hüten vor* im Deutschen zu übersetzen. Indizien für eine gewandelte Wiedergabe des Begriffes sind nicht auszumachen:

> (Athener): (…) Daher muss sich der Nachbar sorgsam davor hüten, irgendetwas zu tun, was zum Streit mit dem Nachbarn führen kann, und vor allem mit besonderer Vorsicht jedes Übergreifen in die Feldbestellung vermeiden. (…).

Die zweite Passage betrifft die Zuwiderhandlung beim Feuermachen. Aus dem Mund des Atheners heißt es dort (843e2):

> (ΑΘ.) (...) καὶ ἐὰν πυρεύων τὴν ὕλην μὴ **διευλαβηθῇ** τῶν τοῦ γείτονος, τὴν δόξασαν ζημίαν τοῖς ἄρχουσι ζημιούσθω. (...)

Das Kompositum διευλαβεῖσθαι, eingebettet in die Konstruktion eines Eventualis, ist seiner Form nach Konjunktiv Aorist, der den punktuellen Aspekt der Haltung ausdrückt. Derjenige, der beim Feuermachen sich nicht als διευλαβεῖσθαι gegenüber dem Eigentum des Nachbarn zeigt, soll mit der ihm von den Behörden als angemessen empfundenen Strafe belegt werden. Die Bedeutung des Kompositums ist wie schon zuvor in 843c4 als eine Verstärkung des Verbum simplex εὐλαβεῖσθαι anzusehen und am besten mit dem für die klassische Zeit belegten konkreten Begriff der *Rücksichtnahme* zu übersetzen, der die abstrakten Verhaltensweisen der *Vorsicht* und *Achtsamkeit* umfassend in sich trägt. Für den Beginn einer Wandlung der Semantik sind in diesem Zusammenhang keinerlei Anzeichen zu finden:

> (Athener): (…) Wer ferner beim Feuermachen nicht vorsichtig ist und den Nachbarn schädigt, der muss die Strafe über sich ergehen lassen, die die Behörde für angemessen empfindet. (…).

Nach den zivilrechtlichen Bestimmungen in Buch VIII bietet Buch IX strafrechtliche Anordnungen, unterbrochen durch einen wichtigen Exkurs über die theoretischen Grundlagen des Strafrechts. Zunächst beginnt der Athener mit grundsätzlichen Erörterungen über die Notwendigkeit einer solchen Gesetzgebung. Es folgen Erörterungen über die einzelnen Verbrechen und die Verfahren bei Kapitalverbrechen (Tempelraub, Umsturzversuch, Hochverrat und Diebstahl), woran sich der Exkurs zur theoretischen Begründung des Strafrechts anschließt. Darauf folgen Abhandlungen über Tötungsdelikte, die sich in die Kategorien Gewalttaten gegen die Seele und Gewalttaten gegen den Leib einteilen. Mit Körperverletzungen und Misshandlungen (Realinjurien) schließt das neunte Buch ab. Die ersten zwei der vier in diesem Buch zu untersuchenden Textpassagen befinden sich im Kontext der Abhandlungen über den Tempelraub. Platon lässt dabei den athenischen Gastfreund in einem zusammenhängenden Monolog folgendes vortragen (853d10):

> (ΑΘ.) (...) ὧν ἕνεκα μὲν μάλιστα, ὅμως δὲ καὶ σύμπασαν τὴν τῆς ἀνθρωπίνης φύσεως ἀσθένειαν **εὐλαβούμενος**, ἐρῶ τὸν τῶν ἱεροσύλων πέρι νόμον καὶ τῶν ἄλλων πάντων τῶν τοιούτων ὅσα δυσίατα καὶ ἀνίατα. (...)

Das in diesem Zusammenhang verwendete Partizip Präsens des Verbum simplex εὐλαβεῖσθαι, steht in subjunktional-hypotaktischer Konstruktion bezogen auf das Futur ἐρῶ. Der Gesetzesvorschlag des Atheners über den Tempelraub und alle derartigen Verbrechen soll in diesem Kontext nun vorgetragen werden, wobei sich der Athener als ein εὐλαβούμενος der allgemein menschlichen Schwäche gegenüber zeigen möchte. Die Bedeutung des Verbums εὐλαβεῖσθαι ergibt sich aus dem Hinweis auf die τὴν τῆς ἀνθρωπίνης φύσεως ἀσθένειαν, die keinerlei andere Möglichkeit der Wiedergabe im Deutschen zulässt als mit der konkreten Begrifflichkeit der *Rücksichtnahme*, welche die abstrakten Verhaltensweisen der *Vorsicht* und *Achtsamkeit* umfassend in sich trägt. Unter Verweis auf die Sinnlogik der Textpassage und die Sprecherintention müssen die Möglichkeiten einer beginnenden semantischen Veränderung ausgeschlossen werden:

> (Athener): (…) Um ihretwillen also vor allem, doch daneben auch in vorbeugender Besorgnis vor der allgemeinen Schwäche der menschlichen Natur, will ich nun das Gesetz über Tempelraub und alles, was dahin gehört, lauter Missetaten, die schwer oder gar nicht zu heilen sind, verkünden. (…).

In gleichem Monolog des Atheners ist die zweite relevante Textstelle aufzufinden (854b1), die eine fiktive Mahnung an einen Tempelräuber beinhaltet:

> (ΑΘ.) (...) ὦ θαυμάσιε, οὐκ ἀνθρώπινόν σε κακὸν οὐδὲ θεῖον κινεῖ τὸ νῦν ἐπὶ τὴν ἱεροσυλίαν προτρέπον ἰέναι, οἶστρος δέ σέ τις ἐμφυόμενος ἐκ παλαιῶν καὶ ἀκαθάρτων τοῖς ἀνθρώποις ἀδικημάτων, περιφερόμενος ἀλιτηριώδης, ὃν **εὐλαβεῖσθαι** χρεὼν παντὶ σθένει: (...)

Der Infinitiv Präsens εὐλαβεῖσθαι steht in direkter Abhängigkeit von der unpersönlich konstruierten Partizipform des Verbums χρή, das die Notwendigkeit einer Haltung stärker hervorhebt. Die Rede ist von der Widernatürlichkeit des Triebes, der zum Tempelraub anstachelt. Dieser ist krankhaft und als Folge alter, ungesühnter Missetaten der Menschen anzusehen. Vor ihm muss man sich mit aller Macht als εὐλαβεῖσθαι zeigen, ansonsten besteht die Gefahr, selbst diesem Trieb zu verfallen. Die Bedeutung von εὐλαβεῖσθαι mit den deutschen Begrifflichkeiten *auf der Hut sein vor* und *sich in Acht nehmen vor*, die für die klassische Semantik belegt sind, ist unter Verweis auf die Warnung vor der Gefahr, selbst durch den Trieb zum Tempelraub angestachelt zu werden, ausreichend zu begründen.

Die Annahme einer möglichen semantischen Wandlung von εὐλαβεῖσθαι ist gänzlich auszuschließen:

> (Athener): (…) Du Unglückseliger, es ist kein gewöhnliches menschliches oder gottgesandtes Leid, das jetzt dein Sinnen und Trachten auf den Tempelraub hinwendet, nein, es ist ein krankhafter Trieb, der sich als Folge alter, ungesühnter Missetaten in den Menschen entwickelt, bald hier bald dort wie ein Plagegeist sich einstellt, vor dem man auf der Hut sein muss, so sehr man nur kann. (...).

Zwei weitere Textpassagen offenbaren sich in den Abhandlungen über Misshandlungen. Dort formuliert der Athener im Kontext des Verhaltens junger Menschen gegenüber den Alten folgenden Gesetzeswortlaut (879c7):

> (ΑΘ.) (...) τὸν δὲ προέχοντα εἴκοσιν ἡλικίας ἔτεσιν, ἄρρενα ἢ θῆλυν, νομίζων ὡς πατέρα ἢ μητέρα **διευλαβείσθω**, καὶ πάσης τῆς δυνατῆς ἡλικίας αὐτὸν φιτῦσαι καὶ τεκεῖν ἀπέχοιτο ἀεὶ θεῶν γενεθλίων χάριν. (...)

Der Imperativ Präsens des Kompositums διευλαβεῖσθαι übernimmt in diesem Kontext die Funktion eines notwendigen, fortwährenden Verhaltens. Es wird das Verhalten der jungen gegenüber den älteren Menschen genau formuliert: Man soll sich immerzu als διευλαβεῖσθαι gegenüber denjenigen, die zwanzig oder mehr Jahre älter sind, zeigen, wobei man sie wie den eigenen Vater und die eigene Mutter behandelt. Die Bedeutung von διευλαβεῖσθαι ist auf den ersten Blick nicht ohne weiteres im Deutschen wiederzugeben. Die klassisch belegten Begriffe der *Vorsicht* und *Achtsamkeit* sind in diesem Zusammenhang der Sprecherintention nicht adäquat, da kein Grund für die Annahme einer Gefährdung bei Missachtung besteht. Der eigentliche Sinn findet sich weniger nahe an εὐλαβεῖσθαι als an αἰδεῖσθαι, das seiner Semantik nach mit den Begrifflichkeiten *Scheu empfinden vor* und *Achtung haben vor* aufwartet. Eben diese Bedeutungsvielfalt von αἰδεῖσθαι trifft in der Art einer Schnittmenge mit εὐλαβεῖσθαι am besten den Sinngehalt des verwendeten Verbums διευλαβεῖσθαι, das im Deutschen mit der Begrifflichkeit der *scheuen Zurückhaltung* am schönsten wiederzugeben ist. Die eigentliche Diskussion einer möglichen Bedeutungswandlung des Verbums ist für diesen Kontext auszuschließen, da die

Semantik der Wortgruppe εὐλάβεια bereits in klassischer Zeit ein Nebeneinander von εὐλαβεῖσθαι und αἰδεῖσθαι zugelassen hat[41]:

> (Athener): (…) Wer ihm aber an Alter um 20 Jahre voraus ist, Mann oder Frau, den soll er als Vater oder Mutter ansehen und sie mit ehrfurchtsvoller Achtung behandeln, wie überhaupt jeder Person, die nach Alter sein Vater oder seine Mutter sein könnten, die schuldige ehrfurchtsvolle Achtung erweisen unter Vermeidung jeglicher Kränkung um der Geburtsgötter willen. (…).

Für den eben bewiesenen Bedeutungsinhalt von εὐλαβεῖσθαι, der sich der Semantik von αἰδεῖσθαι annähert, sei die zweite Textpassage als weiterer Beweis angeführt. In dieser spricht der athenische Gastfreund über das Verhalten gegenüber straffällig gewordenen Fremden (879e1):

> (ΑΘ.) (...) οἱ δ' ἀστυνόμοι παραλαβόντες τε καὶ ἀνακρίναντες, τὸν ξενικὸν αὖ θεὸν **εὐλαβούμενοι**, ἐὰν ἄρα ἀδίκως δοκῇ ὁ ξένος τὸν ἐπιχώριον τύπτειν, τῇ μάστιγι τὸν ξένον ὅσας ἂν αὐτὸς πατάξῃ τοσαύτας δόντες, τῆς θρασυξενίας παυόντων: (...)

Das Partizip Präsens von εὐλαβεῖσθαι ist in diesem Zusammenhang in eine modal-hypotaktische Konstruktion eingegliedert. Seinem Numerus nach bezieht es sich auf das übergeordnete Subjekt der ἀστυνόμοι und formuliert, seinem Tempus entsprechend, ein fortwährendes Verhalten. Der Kontext behandelt das Verhalten der ἀστυνόμοι im Rahmen eines Strafprozesses gegenüber Fremden: Die Stadtaufseher sollen den Fall in die Hand nehmen und untersuchen, wobei sie sich als εὐλαβεῖσθαι vor dem ξενικὸν θεόν zeigen müssen. Die Bedeutung der Flexionsform von εὐλαβεῖσθαι ist im Vergleich zur kurz zuvor besprochenen Textpassage 879c7 nicht nur eindeutig näher an αἰδεῖσθαι, sondern sogar schon fast synonym an Stelle dessen verwendet. Das Verhalten, das einem Gott gegenüber an den Tag gelegt werden muss, wäre eindeutig falsch mit den abstrakten Begrifflichkeiten der *Vorsicht* und *Achtsamkeit* im Deutschen wiedergegeben, da die Aspekte der *Scheu* und der *Ehrfurcht* unerfasst blieben. Viel treffender ist εὐλαβεῖσθαι im Kontext mit dem konkreten Begriff der *religiösen Scheu* zu übersetzen, der adäquat die Intention des Sprechers im Deutschen wiederzugeben versucht und für die klassische Zeit besonders in den Werken der Tragiker und Komödienschreiber zu belegen ist.[42] Aus eben diesen Grün-

41 Vgl. Demosth. or 21,61.

42 Vgl. Aristoph. Lys. 1277; Eur. Hipp. 100

den ist eine einsetzende Veränderung der Semantik für beide untersuchte Stellen nicht nachzuweisen:

> (Athener): (…) Die Stadtaufseher aber sollen mit aller gebührender Scheu vor dem Gott, der die Fremden schützt, die Sache in die Hand nehmen und untersuchen, und stellt es sich heraus, dass der Fremde ungerechterweise von seiner Peitsche gegen den Bürger Gebrauch gemacht hat, so sollen sie ihm ebenso viele Peitschenschläge zukommen lassen wie er selbst ausgeteilt hat, zur Abschreckung der Fremden, solch freches Auftreten zu wiederholen. (…).

Die Behandlung des Strafrechts mit Gewalttaten gegen Personen und Habe wird in Buch X fortgesetzt. Zunächst werden Gewalttaten, die gegen äußere Güter (Eigentumsdelikte) begangen werden, behandelt, hiernach Vergehen gegen die Götter (Asebie). Vor der Angabe der Strafen wird den eigentlichen Gesetze auch im zehnten Buch ein Proömium vorangesetzt, die sich in drei Teile untergliedert: 1. Widerlegung der Ansicht, dass es keine Götter gibt, da die Seele der Ursprung aller Bewegung und alles Seienden ist. Sie lenkt das Universum und ist eine Gottheit, weshalb alles voll von Göttern ist. 2. Widerlegung der Ansicht, dass sich die Götter nicht um die Menschen kümmern, woran sich schließlich 3. die Widerlegung der Meinung schließt, dass die Götter durch Opfer oder Gebete bestechlich sind. Wenn Götter alles durchwalten, sind sie als Herrscher zu bezeichnen. Zu dieser Tätigkeit aber gehört das Verhüten von Übeln, nicht das Mehren des eigenen Nutzens. Der Zweck des Gebetszaubers liegt aber im Streben nach Mehr. Im Kontext der Widerlegung der Bestechlichkeit der Götter ist die einzig relevante Textpassage im zehnten Buch aufzufinden. Dort äußert sich der Athener über die Götter, indem er sie durch Vergleiche zu beschreiben versucht, folgendermaßen (905e9):

> (ΑΘ.) (...) εἴη δ' ἂν καὶ νόσων πόλεμον **εὐλαβουμένοις** ἰατροῖς ἐοικέναι περὶ σώματα, ἢ γεωργοῖς περὶ φυτῶν γένεσιν εἰωθυίας ὥρας χαλεπὰς διὰ φόβων προσδεχομένοις, ἢ καὶ ποιμνίων ἐπιστάταις. (...)

Das in diesem Zusammenhang verwendete Partizip Präsens des Verbums εὐλαβεῖσθαι bezieht sich seinem Kasus nach auf den Dativ Plural des Substantivs ἰατροῖς und steht in kausal-hypotaktischer Konstruktion. Es ist die Rede von einem möglichen Vergleich der Götter mit verschiedenen menschlichen Berufsständen, unter denen sich auch die Ärzte befinden, da sie sich stets als εὐλαβεῖσθαι gegenüber dem Körper im Kampf mit den

Krankheiten zeigen. Die Bedeutung von εὐλαβεῖσθαι erschließt sich recht schnell aus der nicht explizit ausgesprochenen Konsequenz bei gegenteiligem Verhalten der Ärzte, das wohl schnell zur Gefahr der Verschlechterung des Gesundheitszustandes der Patienten führen würde. Die Wiedergabe des Verbums im Deutschen sollte demnach sowohl die Komponenten der *Achtsamkeit* und der *Vorsicht* als auch den Aspekt der *Behutsamkeit* einschließen, die als Eigenschaften der Ärzte angesehen werden. Daher ist die Übersetzung von εὐλαβεῖσθαι mit der Begrifflichkeiten der *Fürsorge* und *Fürsorge treffen* am wahrscheinlichsten zu vertreten. Der mögliche Ansatz einer semantischen Veränderung kann mit dem Verweis auf die Gefahr für den Körper, von der im Kontext die Rede ist, ausgeschlossen werden:

> (Athener): (…) Möglicherweise auch mit einer anderen Art von Kriegsführern, nämlich mit Ärzten, die mit bedächtiger Überlegung Krieg gegen die Krankheiten des Körpers führen, oder mit Landwirten, die das Wachstum der Saaten sorgsam vor den wohlbekannten schlechten Einflüssen bestimmter Witterungsverhältnisse zu schützen versuchen, oder auch mit Aufsehern von Herden. (…).

Der Inhalt von Buch XI behandelt Fragen des Eigentumsrechtes, des Geschäftsverkehrs und des Familienrechtes, wozu auch Testaments- und Vormundschaftsangelegenheiten gehören. Im Zusammenhang mit der Erörterung im Rahmen des Familienrechts äußert sich der Athener über die Regelungen für Waisenfürsorge und Vormundschaft wie folgt (927b7):

> (ΑΘ.) (...) καὶ τὰ περὶ ταῦτα ὀξὺ μὲν ἀκούουσιν βλέπουσίν τε ὀξύ, τοῖς τε περὶ αὐτὰ δικαίοις εὐμενεῖς εἰσιν, νεμεσῶσίν τε μάλιστα αὖ τοῖς εἰς ὀρφανὰ καὶ ἔρημα ὑβρίζουσιν, παρακαταθήκην εἶναι μεγίστην ἡγούμενοι καὶ ἱερωτάτην—οἷς ἐπίτροπον καὶ ἄρχοντα πᾶσι δεῖ τὸν νοῦν, ᾧ καὶ βραχὺς ἐνείη, προσέχοντα, καὶ **εὐλαβούμενον** περὶ τροφήν τε καὶ παιδείαν ὀρφανῶν, ὡς ἔρανον εἰσφέροντα ἑαυτῷ τε καὶ τοῖς αὑτοῦ, κατὰ δύναμιν πάντως πᾶσαν εὐεργετεῖν. (...)

Das in diesem Zusammenhang verwendete Partizip Präsens des Verbum simplex εὐλαβεῖσθαι steht in der Konstruktion eines AcI, der erneut vom unpersönlich konstruierten Verbum δεῖ abhängig ist. Es ist die Rede von der Notwendigkeit, dass Behörden und Vormunde den Waisen volle Aufmerksamkeit schenken und sich stets als εὐλαβεῖσθαι gegenüber Pflege und

Erziehung der Kinder erweisen sollen. Die Bedeutung des Verbums im Deutschen lässt sich sehr leicht aus dem Kontext erschließen: Da diese Instanzen die Waisen für παρακαταθήκην μεγίστην καὶ ἱερωτάτην halten, deren Misshandlung sie einerseits mit voller Entrüstung entgegentreten, deren Wohlergehen ihnen andererseits besonders am Herzen liegt, muss ihre Eigenart aus den verschiedenen semantischen Differenzierungen von εὐλαβεῖσθαι zusammengesetzt sein. Die Wiedergabe des Verbums im Deutschen sollte demnach sowohl die Komponenten der *Achtsamkeit* und der *Vorsicht* als auch den Aspekt der *Behutsamkeit* einschließen, weshalb am wahrscheinlichsten die Übersetzung mit den Begrifflichkeiten der *Fürsorge* und *Fürsorge treffen* zu vertreten ist. Der mögliche Ansatz einer semantischen Veränderung kann mit dem Verweis auf die Gefahr für die Waisen durch mögliche Misshandlungen ausgeschlossen werden:

> (Athener): (…) Und sie (scil. die Greise) ihrerseits haben für alles darauf Bezügliche ein scharfes Ohr und ein scharfes Auge und schenken denjenigen, die den Waisen volle Gerechtigkeit zukommen lassen, ihr Wohlwollen, dagegen sind sie voller Entrüstung gegenüber jenen, die gegen Waisen und Verlassene freveln. Denn ihrer Überzeugung nach gibt es kein wichtigeres und heiligeres Vermächtnis als diese. Auf alles dies müssen Vormund und Obrigkeit ihre Achtsamkeit richten, wenn sie nicht aller Vernunft bar sind, und müssen, eifrig wachend über Pflege und Erziehung der Waisen, sich ihnen in jeder Beziehung nach Kräften wohltätig erweisen, als gälte es für sich selbst und die Ihrigen durch Einsammlung von Beiträgen zu sorgen. (…).

Das XII. Buch bietet zunächst Strafgesetze über Schädigungen, die den Staat betreffen, Regelungen über die Kontrolle der Behörden durch ein Richterkollegium (Euthyne) und weitere, detaillierte Bestimmungen bis hin zu Verfügungen über Begräbnisse. Das Werk wird mit Ausführungen über eine oberste Behörde, einen ‚nächtlichen Rat' älterer, verdienter und kluger Männer, abgeschlossen. Im Schlusswort ruft der Athener zur Realisierung des Modells im Staat der Magneten auf und rät dazu, den Staat der nächtlichen Versammlung anzuvertrauen. Dann ist verwirklicht, was das Gespräch wie in einem Traum gestreift hat. Die letzte relevante Textstelle der *Nomoi* befindet sich in der Abhandlung über die Militärgesetze: Kriegsdienstverweigerung, Desertation und Preisgabe der Waffen. Besonders bei der Anschuldigung der Preisgabe der Waffen soll man nur wohlüberlegt und bei Eindeutigkeit der Beweislage Anklage führen, wie es der Athener mit seinen Worten formuliert (943d4):

> (ΑΘ.) (...) χρὴ μὲν δὴ πᾶσαν ἐπιφέροντα δίκην ἀνδρὶ πάντ' ἄνδρα φοβεῖσθαι τὸ μήτε ἐπενεγκεῖν ψευδῆ τιμωρίαν, μήτ' οὖν ἑκόντα μήτ' ἄκοντα κατὰ δύναμιν—παρθένος γὰρ Αἰδοῦς Δίκη λέγεταί τε καὶ ὄντως εἴρηται, ψεῦδος δὲ αἰδοῖ καὶ δίκῃ νεμεσητὸν κατὰ φύσιν—τῶν τε οὖν ἄλλων **εὐλαβεῖσθαι** πέρι πλημμελεῖν εἰς δίκην, διαφερόντως δὲ καὶ τῆς τῶν κατὰ πόλεμον ὅπλων ἀποβολῆς, μὴ διαμαρτών τις ἄρα τῶν ἀναγκαίων ἀποβολῶν, ὡς αἰσχρὰς αὐτὰς εἰς ὄνειδος τιθείς, ἀναξίῳ ἀναξίας ἐπάγῃ δίκας. (...)

Das in diesem Zusammenhang verwendete Verbum simplex εὐλαβεῖσθαι steht in direkter Abhängigkeit vom unpersönlich konstruierten Verbum χρή, das die Notwendigkeit einer Haltung nachdrücklich zum Ausdruck bringt. Es ist die Rede von der Verhaltensweise bei einer schwer wiegenden Anklage, bei der es notwendig ist, keinerlei falsche Anschuldigungen vorzubringen und sich stets als εὐλαβεῖσθαι zeigen soll, nicht gegen das Recht zu verstoßen. Die Bedeutung der Verbums wird durch den Verweis auf die Gefahr der Rechtsverletzung - die Verletzung der personifizierten Δίκη - bei falschem Verhalten leicht erschließbar, die einzig und allein die Übersetzung mit den deutschen Begrifflichkeiten *auf der Hut sein vor* und *sich hüten vor* zulässt. Die Wahrscheinlichkeit des einsetzenden Semantikwandels ist aus diesem Grund für diesen Kontext auszuschließen:

> (Athener): (…) Es muss nun zwar jeder, der einen anderen vor Gericht bringt, ängstlich und nach bestem Wissen und Gewissen darüber wachen, ihn nicht etwa fälschlich zur Strafe zu ziehen – denn das Recht ist eine Tochter der Schamhaftigkeit, wie sie genannt wird und zwar mit vollem Recht, Lüge dagegen ist der Schamhaftigkeit und dem Recht von Natur ein Greul, bei jeder Art von Anklage also muss man sich hüten, gegen das Recht zu verstoßen – vor allem aber, wo es sich um Klage um Verlust der Kriegswaffen handelt, denn wie leicht kann man sich hier hinsichtlich der Notwendigkeit dieses Verlustes irren und durch Auslegung der Sache nach der schimpflichen Seite hin über einen Unschuldigen unverdiente Strafe bringen. (…).

Minos[43]

Die letzte zu untersuchende Schrift innerhalb des γένος πολιτικόν ist der in seiner Echtheit nicht unbestrittene Dialog *Minos*, dessen Untertitel ἢ περὶ νόμου lautet.

Der *Minos* versucht, das Gesetz (νόμος) auf Seiendes und Wahres zu beziehen und in seinem Wesen als zeitlos darzustellen. Als Beispiel dient ihm die religiöse Herleitung der kretisch-spartanischen Gesetzgebung von Zeus über den mythischen Gesetzgeber Minos. Der Dialog knüpft wohl an Platons *Nomoi* und *Brief VIII* an und steht im Zusammenhang mit den Gesetzesdenken der Platonschüler[44], wobei auch Einflüsse der Sokratik (Antisthenes) denkbar sind. Die historisch–mythische Begründung lässt Vergleiche zu dem Exkurs des pseudoplatonischen *Hipparchos*[45] zu. Die Personen des Gesprächs sind Sokrates und ein nicht näher beschriebener ἑταῖρος. Im Rahmen der Wendung des Gesprächs auf die Gesetzgebung Kretas kommt es zu einer differenzierten Darstellung des mythischen Kreterkönigs Minos durch die Worte des Sokrates, in deren Zusammenhang sich zwei für die begonnene Untersuchung relevante Textpassagen befinden. So spricht Sokrates zu Beginn seiner Rede über Minos folgende Warnung aus (318e7):

> Σωκ. (...) οὐ γὰρ ἔσθ' ὅτι τούτου ἀσεβέστερόν ἐστιν οὐδ' ὅτι χρὴ μᾶλλον **εὐλαβεῖσθαι**, πλὴν εἰς θεοὺς καὶ λόγῳ καὶ ἔργῳ ἐξαμαρτάνειν, δεύτερον δὲ εἰς τοὺς θείους ἀνθρώπους: (...)

Sokrates verwendet in diesem Kontext den Infinitiv Präsens des Verbum simplex εὐλαβεῖσθαι, das seiner Konstruktion nach vom unpersönlich

43 Vgl. zum pseudoplatonischen Charakter des *Minos* J. Dalfen: Beobachtungen und Gedanken zum (pseudo)platonischen Minos und anderen spuria, in: K. Döring, M. Erler, S. Schorn (Hgg.): Pseudoplatonica. Akten des Kongresses zu den Pseudoplatonica vom 6.-9. Juli 2003 in Bamberg (Stuttgart 2005) 51-68; B. Manuwald: Zum pseudoplatonischen Charakter des Minos. Beobachtungen zur Dialog- und Argumentationsstruktur, in: K. Döring, M. Erler, S. Schorn (Hgg.): Pseudoplatonica. Akten des Kongresses zu den Pseudoplatonica vom 6.-9. Juli 2003 in Bamberg (Stuttgart 2005) 135-154; vgl. dazu allgemein Erler (2007) 307-308 mit ausführlichen Literaturhinweisen (668-669).

44 Diog. Laert. IV 2,12: Innerhalb des Kataloges der Schriften des Xenokrates Περὶ δυνάμεως νόμου - Über die Macht des Gesetzes.

45 Zum *Hipparchos* vgl. S. Schorn: Der historische Mittelteil im pseudoplatonischen Hipparchos, in: K. Döring, M. Erler, S. Schorn (Hgg.): Pseudoplatonica. Akten des Kongresses zu den Pseudoplatonica vom 6.-9. Juli 2003 in Bamberg (Stuttgart 2005) 225-254.

konstruierten Verbum χρή abhängt, um der Dringlichkeit seiner Aussage Nachdruck zu verleihen. Nichts zeugt seiner Meinung nach von weniger Frömmigkeit, als mit Wort und Tat erstens gegen die Götter und zweitens gegen vergöttlichte Menschen, wie es bei Minos der Fall ist, zu freveln. Davor muss man sich am meisten als εὐλαβεῖσθαι zeigen, was im Deutschen die Darstellung durch *sich hüten vor* und *auf der Hut sein vor*, die für die klassische Zeit mehrfach belegt sind, verlangt. Die Entscheidung für die klassische Semantik ergibt sich aus der Tatsache, dass im Kontext der Passage von einem Frevel gegenüber einer Gottheit die Rede ist, welche die Gefahr einer meist körperlichen Bestrafung in der Regel nach sich zieht. Somit sind die Argumente für eine einsetzende semantische Veränderung in diesem Kontext nicht aufzufinden:

> (Sok.): (…) Denn es gibt nichts, was von weniger Frömmigkeit zeugt als dies und vor was man sich mehr hüten muss, außer mit Wort und Tat erstens gegen die Götter zu freveln, hiernach zweitens gegen vergöttlichte Menschen. (…).

Die zweite Textpassage des *Minos* und somit letzte zu untersuchende Textstelle des γένος πολιτικόν befindet sich bereits fast am Ende des Dialogs. Sokrates versucht an dieser Stelle, dem ἑταῖρος den schlechten Ruf des Minos, den er auf die Missgunst der Dichter zurückführt, mit warnenden Worten zu begründen (320e2):

> (...) Σωκ.: δι᾽ ὃ καὶ σύ, ὦ βέλτιστε, ἐὰν σωφρονῇς, **εὐλαβήσῃ**, καὶ ἄλλος πᾶς ἀνὴρ ὅτῳ μέλει τοῦ εὐδόκιμον εἶναι, μηδέποτε ἀπεχθάνεσθαι ἀνδρὶ ποιητικῷ μηδενί. (…)

Die futurische Flexionsform von εὐλαβεῖσθαι wird in diesem Zusammenhang in der Form eines Eventualis konstruiert, in dessen Hauptsatz in der Regel *Tempus futurum* steht. Sokrates warnt den ἑταῖρος davor, wenn es ihm am Herzen liegt, Berühmtheit zu erlangen, einem Dichter jemals verhasst zu werden. Vor dieser Gefahr, einen schlechten Ruf durch ἄνδρες ποιηθικοί angedichtet zu bekommen, wird er sich als εὐλαβεῖσθαι zeigen, falls er bei Verstand ist. Die Bedeutung der Verbalform εὐλαβήσῃ ist demnach aufgrund der Warnung vor der Gefahr der üblen Nachrede im Bereich der klassischen Semantik zu vermuten und offenbart sich mit den deutschen Begrifflichkeiten *sich hüten vor* und *auf der Hut sein vor* als eine der Sprecherintention adäquaten Übersetzung. Indizien für einen Wandel der Semantik sind im Kontext der Stelle nicht aufzufinden:

(…) Sok.: Deshalb siehst auch du dich vor, mein Bester, wenn du bei Verstand bist, und auch jeder andere Mann, dem es am Herzen liegt, berühmt zu sein, niemals einem Dichter verhasst zu werden. (…).

Zusammenfassung

Zusammenfassend für die recht zahlreichen Textstellen des γένος πολιτικόν ist festzuhalten, dass die klassischen Verwendungen der Wortgruppe εὐλάβεια, εὐλαβής, εὐλαβεῖσθαι in der Summe deutlich hervorstechen. Dennoch sollte das Faktum nicht unerwähnt bleiben, dass an einigen Stellen (besonders im Kontext der *Nomoi*), in denen vor Frevel gegenüber den Göttern gewarnt wird, sich die Semantik der verschiedenen Verbalformen der Wortgruppe um εὐλάβεια sehr dem Bedeutungsinhalt der Wortgruppe um αἰδώς annähert, zuweilen fast synonym gebraucht wird.[46] Im Kontext der *Politeia* sind sogar Belegstellen zu finden, die auf eine semantische Weiterentwicklung von εὐλαβεῖσθαι zu φοβεῖσθαι schließen lassen,[47] obgleich dieses Phänomen erst flächendeckend für das erste Jahrhundert nach Christus nachzuweisen ist.

d). γένος μαιευτικόν

Alcibiades maior[48]

Als vierte Gruppe nennt Diogenes Laertios das γένος μαιευτικόν. Zu dieser Gruppe gehören die Schrift *Alcibiades maior* und der *Laches*. Der *Grössere Alkibiades* (Untertitel: ἤ περὶ ἀνθρώπου φύσεως), der an erster Stelle steht und eine einzige zu untersuchende Textpassage aufweist, stellt Alkibiades als angehenden Politiker im Gespräch mit Sokrates dar. Dieser legt ihm die Frage nach dem notwendigen Sach- und Normwissen vor und führt ihn stufenweise zur Einsicht des Guten und Nützlichen und der Notwendigkeit der Fürsorge um sich selbst in Form der Selbsterkenntnis. Das Selbst wird näher als (Denk-) Seele bestimmt und von den leiblichen und äußeren Gütern abgehoben; der richtige Umgang mit ihnen im privaten und politischen Bereich und damit die Eudaimonie hängen von der Selbsterkenntnis und σοφία (Weisheit) der göttlichen Seele ab, die sich in einer an-

46 Vgl. hierzu die Besprechungen von leg. IX, 879c8 und IX, 879e2.

47 Vgl. hierzu die Besprechung von rep. II,372c1.

48 Vgl. dazu Erler (2007) 290–293 mit ausführlichen Literaturhinweisen (663–665).

deren Seele und insbesondere in Gott wie in einem Spiegel erkennen kann.[49]

Die Echtheit des Größeren Alkibiades ist in der jüngeren Forschung nicht unbestritten, da sich Motive des *Charmides* und des *Menon* – wie in der *Epinomis* – mit einem theologischen Horizont verbinden, der an Gedanken der ersten Schülergeneration nach Platon erinnert. Auch für die Betonung von Übung und Belehrung neben der Naturanlage (120b) bietet die Akademie Parallelen (Xenokrates` Titel Ὅτι παραδοτὴ ἡ ἀρετὴ α′[50]).

Die zu untersuchende Textstelle befindet sich im zweiten Hauptteil der Schrift, wo Sokrates versucht, Alkibiades über den Weg zur Erlangung wahrer staatsmännischer Tüchtigkeit zu belehren. Sokrates spricht von der Gefahr, die Alkibiades durch das Werben um die Gunst des athenischen Volkes entstehen wird, wodurch schon viele treffliche Männer zu Fall gekommen sind (132a5):

> (Σωκ.*)* (...) εὐπρόσωπος γὰρ "ὁ τοῦ μεγαλήτορος δῆμος Ἐρεχθέως:" ἀλλ᾽ ἀποδύντα χρὴ αὐτὸν θεάσασθαι. εὐλαβοῦ οὖν τὴν **εὐλάβειαν** ἣν ἐγὼ λέγω. (…)

Sokrates formuliert in diesem Zusammenhang eine eindringliche Warnung an Alkibiades, wie aus der Verwendung des Imperativ Präsens des Verbum simplex εὐλαβεῖσθαι, das sich auf das im Akkusativ stehende Substantiv εὐλάβεια direkt bezieht, hervorgeht. Er soll sich nicht durch das wie eine Maske aufgesetzte freundliche und ihm noch wohlgesonnene Verhalten des athenischen Volkes trügen lassen, sondern hinter die Maske schauen, um das wahre Gesicht zu erkennen. Diesem Rat der εὐλάβεια gegenüber soll er sich als εὐλαβεῖσθαι zeigen.

Die Übersetzung der beiden Satzteile im Deutschen erweist sich als nicht unproblematisch, da die abstrakten klassischen Bedeutungen für diesen fast pleonastisch wirkenden Ausdruck kakophon klingen. Versucht man jedoch eine konkrete Formulierung zu finden, bietet es sich an, die Hilfe der abstrakten Begrifflichkeiten *Vorsicht* und *Achtsamkeit* in Anspruch zu nehmen: Sokrates fordert ihn dazu auf, *achtsam* zu sein gegenüber dem Rat, *Vorsicht walten* zu lassen, was wohl der Sprecherintention adäquat mit der Formulierung, den Rat zu *vorsichtigem Verhalten* zu berücksichtigen, treffend im Deutschen zu übersetzen ist. Da im Kontext ein weiteres Mal

49 Vgl. Plat. Phaedr. 255d

50 Diog. Laert. IV. 2,11-12: Καὶ πλεῖστα ὅσα καταλέλοιπε συγγράμματα καὶ ἔπη καὶ παραινέσεις, ἅ ἐστι ταῦτα · (…) Ὅτι παραδοτὴ ἡ ἀρετὴ α′ (…).

vor der Gefahr einer Täuschung die Rede ist, fallen die Möglichkeiten einer nachklassischen Semantik für diesen Zusammenhang von vornherein aus. Eine Veränderung der klassischen Semantik ist wohl nicht anzunehmen:

> (Sok.): (…) Denn wohlgestaltet ist die Maske, in der das Volk des hochgesinnten Erechtheus erscheint. Aber du musst sie ihm abreißen, um sein wahres Gesicht zu erkennen. Also sei auf der Hut und beherzige meine Warnung. (…).

Laches[51]

Die zweite Schrift des γένος μαιευτικόν ist der *Laches*, der, wie aus seinem Untertitel (ἢ περὶ ἀνδρείας) zu entnehmen ist, die Tapferkeit behandelt. Die Personen des Gesprächs sind neben Sokrates, Lysimachos und Melesias sowie die Feldherren Nikias und Laches, die Söhne des Melesias und des Lysimachos. Die einzige im *Laches* zu untersuchende Textpassage findet sich fast am Ende der Unterredung, im Gespräch des Sokrates mit Nikias. Dort stellt Sokrates dem Nikias im Rahmen einer Neudefinition von Tapferkeit über denjenigen, der das Gute und Böse in voller Hinsicht erkannt hat, folgende Frage(n) (199d.7):

> (Σωκ.*)* (...) καὶ τοῦτον οἴει ἂν σὺ ἐνδεᾶ εἶναι σωφροσύνης ἢ δικαιοσύνης τε καὶ ὁσιότητος, ᾧ γε μόνῳ προσήκει καὶ περὶ θεοὺς καὶ περὶ ἀνθρώπους **ἐξευλαβεῖσθαί** τε τὰ δεινὰ καὶ τὰ μή, καὶ τἀγαθὰ πορίζεσθαι, ἐπισταμένῳ ὀρθῶς προσομιλεῖν; (…)

Der in diesem Zusammenhang verwendete Infinitiv Präsens des Kompositums ἐξευλαβεῖσθαι, das lediglich eine Verstärkung des Verbum simplex εὐλαβεῖσθαι ist, steht in Abhängigkeit zu προσήκει. Sokrates fragt Nikias, ob er denn glaube, dass es einem solchen Mann an Besonnenheit, Gerechtigkeit oder Frömmigkeit fehlen kann, wenn er doch als einziger in der Lage ist, sich unter anderem als ἐξευλαβεῖσθαι vor dem Bösen gegenüber Menschen und Göttern zu zeigen. Die Bedeutung des Kompositums erschließt sich schnell aus der Formulierung des Gegenteils: Sollte er nicht fähig sein, sich als ἐξευλαβεῖσθαι zu zeigen, würde er den Göttern und Menschen wohl die als τὰ δεινὰ bezeichneten Taten antun, die vermutlich in den Bereichen des Frevels und der Verbrechen anzusiedeln sind.

---

51 Vgl. dazu Erler (2007) 151–156 mit ausführlichen Literaturhinweisen (600–602).

Die Übersetzung des Kompositums im Deutschen sollte daher der Textintention folgend die Verhaltensweisen der *Vorsicht* und *Achtsamkeit* erfassen, die in den konkreten, für den klassischen Sprachgebrauch belegten, Begrifflichkeiten *sehr auf der Hut sein vor* und *sich sehr hüten vor* enthalten sind und darüber hinaus den Sinngehalt der Textstelle treffend wiedergeben. Indizien für eine einsetzende Begriffswandlung sind in dieser Passage mit Verweis auf die prägnanten klassischen Ausdrücke nicht aufzufinden:

> (Sok.): (...) Und von ihm meinst du, es fehle ihm an der Besonnenheit oder der Gerechtigkeit und Frömmigkeit, von ihm, dem einzigen, dem es gegeben ist, Göttern und Menschen gegenüber sich vor dem Bösen zu hüten und das Gute zu erwerben, da er allein das rechte Verhalten zu ihnen kennt? (...).

Zusammenfassung

Es bleibt für die nicht sehr aussagekräftige Gruppe des γένος μαιευτικόν als Resümee festzuhalten, dass aufgrund der untersuchten Textstellen keinerlei einsetzende semantische Wandlung der Wortgruppe εὐλάβεια auszumachen ist. Die Bedeutungsvielfalt der Begrifflichkeiten lässt sich mit Verweis auf den jeweiligen Kontext der Passage der Sprecherintention entsprechend ohne Ausnahme in den für die klassische Zeit typischen Bereichen der *Vorsicht* und *Achtsamkeit* mit deren Variationen auffinden.

e). γένος πειραστικόν

Die fünfte Gruppe der von Diogenes Laertios nach charakteristischen Merkmalen zusammengefassten platonischen Schriften besteht aus den Dialogen *Menon* (zwei Textstellen), *Ion* (eine Textstelle), *Charmides* (eine Textstelle) und *Theaitet* (eine Textselle) als Vertreter des γένος πειραστικόν. Dessen Eigenart besteht darin, durch einen Test Unwissenheit in der Diskussion zu entlarven.

Menon[52]

Die erste der von Diogenes Laertios genannten Schriften ist der *Menon*, der, wie seinem Untertitel (ἢ περὶ ἀρετῆς) zu entnehmen ist, ein Gespräch über die Tugend beinhaltet. Das Gespräch selbst unterteilt sich in drei Einzelgespräche: Das erste Gespräch ereignet sich mit Menon zur Klärung der Fragen, was eigentlich Tugend ist, wie man danach forschen kann, ob eine Wiedererinnerung existiert – für diese Frage wird der Sklave des Menon als Gesprächspartner von Sokrates erwählt – und ob die Tugend lehrbar ist. Das zweite Gespräch kommt mit dem zufällig erscheinenden Anytos zustande und behandelt die Tatsache, dass Tugend nicht lehrbar ist. Das dritte und letzte Gespräch findet wiederum mit Menon statt und behandelt die Punkte der Unterscheidung von Wissen und richtiger Meinung, sowie den Aspekt der göttlichen Fügung.

Die erste zu untersuchende Textstelle findet sich im Kontext des ersten Gesprächs mit Menon. Sokrates erklärt darin zu Beginn Menon, einem jungen thessalischen Edelmann, der mit seinem Gefolge in Athen zu Gast ist, auf dessen Frage, ob Tugend lehrbar sei, dass, wer nichts über das Wesen der Tugend selbst wisse, unmöglich Auskunft über ihre Beschaffenheit, in diesem speziellen Fall über ihre Lehrbarkeit, geben könne. Menon allerdings, da er als Schüler des Sophisten Gorgias gewiss einen Begriff von der Tugend habe, solle sich daher zunächst selbst darüber äußern. Der Aufforderung des Sokrates folgend beginnt Menon seine Unterweisung über die Tugend mit diesen Worten (71e1):

> Μέν.: ἀλλ' οὐ χαλεπόν, ὦ Σώκρατες, εἰπεῖν. πρῶτον μέν, εἰ βούλει ἀνδρὸς ἀρετήν, ῥᾴδιον, ὅτι αὕτη ἐστὶν ἀνδρὸς ἀρετή, ἱκανὸν εἶναι τὰ τῆς πόλεως πράττειν, καὶ πράττοντα τοὺς μὲν φίλους εὖ ποιεῖν, τοὺς δ' ἐχθροὺς κακῶς, καὶ αὐτὸν εὐλαβεῖσθαι μηδὲν τοιοῦτον παθεῖν. (...)

Der in diesem Zusammenhang verwendete Infinitiv Präsens εὐλαβεῖσθαι, dessen Tempus den Aspekt einer fortwährenden Haltung impliziert, hängt direkt vom Ausdruck αὕτη ἐστὶν ἀνδρὸς ἀρετή ab, der die Konstruktion eines AcI nach sich zieht. Menon spricht von der Mannestugend, die sich darin zeigt, dass der Mann unter anderem die Fähigkeit besitzt, seinen Feinden zu schaden, sich selbst aber als εὐλαβεῖσθαι zu zeigen, solchen Schaden nicht zu erleiden. Durch die fast schon antithetische Kon-

52 Vgl. dazu Erler (2007) 165–174 mit ausführlichen Literaturhinweisen (605–608).

struktion der Aussage τοὺς μὲν φίλους εὖ ποιεῖν, τοὺς δ' ἐχθροὺς κακῶς, die in der Warnung καὶ αὐτὸν εὐλαβεῖσθαι μηδὲν τοιοῦτον παθεῖν gipfelt, dürfte der Beweis der klassischen Verwendung des Verbums εὐλαβεῖσθαι, der einzig die Übersetzung mit den deutschen Begrifflichkeiten *auf der Hut sein vor* und *sich hüten vor* zulässt, ausreichend erbracht werden. Abgesehen von diesem Argument sind Versuche, εὐλαβεῖσθαι mit den für die nachklassische Zeit belegten Begriffen im Deutschen wiederzugeben, zu verwerfen, da sie die Sprecherintention völlig verfehlen und der Passage den inneren Sinnzusammenhang rauben:

> Men.: Nun das lässt sich, mein Sokrates, ohne Probleme sagen. Erstens, wenn du die Mannestugend erklärt haben willst, so besteht diese, wie leicht anzugeben, darin, dass der Mann die Fähigkeit besitzt, die Geschäfte des Staates zu führen und dabei seinen Freunden nützlich zu sein, seinen Feinden aber zu schaden, und sich selbst wohl zu hüten, dass ihm nichts von der letzteren Art zustoße. (…).

Die zweite relevante Textpassage im *Menon* befindet sich im Gespräch des Sokrates mit Anytos, der sich, von Sokrates über die Lehrbarkeit der Tugend widerlegt, zu einer drohenden Äußerung reizen lässt (94e3):

> (...) Ἄν.: ὦ Σώκρατες, ῥᾳδίως μοι δοκεῖς κακῶς λέγειν ἀνθρώπους. ἐγὼ μὲν οὖν ἄν σοι συμβουλεύσαιμι, εἰ ἐθέλεις ἐμοὶ πείθεσθαι, εὐλαβεῖσθαι: (...)

Der Infinitiv Präsens εὐλαβεῖσθαι, der im Kontext der Passage verwendet wird, steht in Abhängigkeit von einem *verbum suadendi* (συμβουλεύειν), das in der Regel den Infinitiv nach sich zieht. Anytos wirft Sokrates vor, leichtfertig über die Menschen schlecht zu reden und gibt ihm den warnenden Ratschlag, sich stets als εὐλαβεῖσθαι zu zeigen, dessen Bedeutung sich sehr schnell erschließt, wenn man die nicht explizit ausgesprochene Gefahr, in die sich Sokrates durch sein Verhalten hineinsteuert, ergänzt: Diese besteht darin, durch den Zorn der Mitbürger in Lebensgefahr zu geraten. Um sich davor zu schützen, muss Sokrates εὐλαβεῖσθαι sein, was im Deutschen am treffendsten mit den Begriffen *auf der Hut sein vor* und *sich hüten vor* zu übersetzen ist, wie es für die klassische Bedeutungsvielfalt belegt ist. Für eine beginnende Wandlung der Semantik lassen sich in diesem Zusammenhang keinerlei Indizien finden:

> Any.: Es scheint mir, Sokrates, du machst die Menschen ohne Skrupel schlecht. Ich nun möchte dir, wenn du mir folgen willst, raten, dich in Acht zu nehmen. (…).

Ion[53]

Der zweite Dialog des γένος πειραστικόν ist der *Ion*, dessen Untertitel ἢ περὶ Ἰλιάδος lautet. Dieser behandelt im Gespräch des Sokrates mit dem ephesischen Rhapsoden Ion die Fragen nach dem wirklich Kundigen am Beispiel des Rhapsoden. Als Ergebnis stellt sich heraus, dass Ion dieses Ziel aufgrund des Fehlens von besonnener Einsicht, an deren Stelle schwärmerische, gottgesandte Begeisterung getreten ist, nicht erreicht hat. Die einzige in dieser Schrift zu untersuchende Textpassage offenbart sich im Kontext der Rede von den schon von Homer erteilten Auslegungen über die Fachkünste. Zur Kunst des Wagenlenkers fordert Sokrates Ion auf, die Verse der Ilias zu zitieren (537a5):

> (...) Σωκ.: εἰπὲ δή μοι ἃ λέγει Νέστωρ Ἀντιλόχῳ τῷ ὑεῖ, παραινῶν **εὐλαβηθῆναι** περὶ τὴν καμπὴν ἐν τῇ ἱπποδρομίᾳ τῇ ἐπὶ Πατρόκλῳ. (...)

Der im Zusammenhang verwendete Infinitiv Aorist εὐλαβηθῆναι drückt, seinem Tempus entsprechend, den punktuellen Aspekt einer Handlung aus und steht in Abhängigkeit des modal-hypotaktisch konstruierten Partizips παραινῶν. Sokrates bittet Ion, die Verse der Ilias zu zitieren, in denen Nestor seinem Sohn die mahnenden Worte vor dem Wagenrennen mit auf den Weg gibt, sich beim Umbiegen um den Wendepunkt als εὐλαβηθῆναι zu zeigen. Die Bedeutung des Infinitivs ist aufgrund der Tatsache, dass im Kontext von einer Warnung die Rede ist, deren Missachten wohl in diesem konkreten Fall zu einem Unfall und möglichen Verletzungen führen kann, leicht zu erschließen und im Deutschen mit den Begrifflichkeiten der *Vorsicht* und *Achtsamkeit* am treffendsten wiederzugeben. Anlass zur Annahme einer möglichen semantischen Wandlung ist nicht gegeben:

> Sok.: So lass mich denn nun die Worte hören, die Nestor zu seinem Sohn Antilochos in dem Moment spricht, als er ihn zur Vorsicht beim Umbiegen um den Wendepunkt anlässlich des Wagenrennens zu Ehren des Patroklos mahnt. (…).

53 Vgl. dazu Erler (2007) 145–151 mit ausführlichen Literaturhinweisen (598–600).

Charmides[54]

An dritter Stelle des γένος πειραστικόν steht nach Diogenes Laertios der Dialog *Charmides*, dessen Thematik sich um die Behandlung der Besonnenheit dreht, wie aus dem Untertitel ἢ περὶ σωφροςύνης zu erkennen ist. Die Teilnehmer des Gesprächs, das sich wiederum in zwei Hauptgespräche (Sokrates – Charmides; Sokrates – Kritias) unterteilt, sind neben der Person des Sokrates noch Cheirephon, Kritias und dessen Vetter Charmides. Dieser wird von Sokrates sofort nach seinem Eintreten in ein Gespräch gezogen, zu dem der Ausgangspunkt ein Kopfleiden des jungen Mannes bildet, über das Kritias Sokrates berichtet hatte. Voller Bewunderung spricht Sokrates von Charmides bei dessen Eintreten in die Palaistra, den Kydias zitierend (155c7):

> (...) ἐπειδὴ δέ, φράσαντος τοῦ Κριτίου ὅτι ἐγὼ εἴην ὁ τὸ φάρμακον ἐπιστάμενος, ἐνέβλεψέν τέ μοι τοῖς ὀφθαλμοῖς ἀμήχανόν τι οἷον καὶ ἀνήγετο ὡς ἐρωτήσων, καὶ οἱ ἐν τῇ παλαίστρᾳ ἅπαντες περιέρρεον ἡμᾶς κύκλῳ κομιδῇ, τότε δή, ὦ γεννάδα, εἶδόν τε τὰ ἐντὸς τοῦ ἱματίου καὶ ἐφλεγόμην καὶ οὐκέτ' ἐν ἐμαυτοῦ ἦν καὶ ἐνόμισα σοφώτατον εἶναι τὸν Κυδίαν τὰ ἐρωτικά, ὃς εἶπεν ἐπὶ καλοῦ λέγων παιδός, ἄλλῳ ὑποτιθέμενος, **εὐλαβεῖσθαι** μὴ κατέναντα λέοντος νεβρὸν ἐλθόντα μοῖραν αἱρεῖσθαι κρεῶν: (...)

Der in diesem Zusammenhang verwendete Infinitiv Präsens εὐλαβεῖσθαι steht in der Konstruktion eines in die indirekte Rede eingebundenen AcI, der von der Verbalform εἶπεν abhängt. Sokrates zitiert den Ratschlag des Kydias, der, in den die Liebe betreffenden Dingen bewandert, von einem schönen Knaben sprechend einem anderen den folgenden Ratschlag gab: Um nicht dem Löwen zur Beute zu werden, soll das Reh sich stets als εὐλαβεῖσθαι zeigen, da es sonst der drohenden Gefahr nicht entkommen kann. Die Bedeutung des Infinitivs ist aufgrund der Tatsache, dass im Kontext von dieser Warnung die Rede ist, deren Missachten wohl im konkreten Fall zum Tod des Rehs führen würde, leicht zu erschließen und im Deutschen mit den Begrifflichkeiten *auf der Hut sein vor* und *sich hüten vor* am treffendsten wiederzugeben. Anlass zur Annahme einer möglichen semantischen Wandlung ist daher nicht gegeben:

54 Vgl. dazu Erler (2007) 104–109 mit ausführlichen Literaturhinweisen (584–586).

> (...) Als er aber nun, nach der Bemerkung des Kritias, dass ich es sei, der das Heilmittel wüsste, seine Augen auf mich richtete und mir einen ganz unbeschreiblichen Blick zuwarf und sich anschickte, mich über das Heilmittel zu befragen, wobei alle in der Palaistra Anwesenden sich im Kreise um uns drängten, da, mein edler Freund, fiel mein Blick in sein Gewand und zündete bei mir wie ein Feuerfunken: Ich verlor völlig die Fassung und zweifelte nicht, dass in Liebesdingen doch nichts über die Weisheit des Kydias gehe, der, von einem schönen Knaben redend, einem anderen den Rat gab, „es soll sich das Reh hüten, sich dem Löwen in den Weg zu stellen und, weil es sich nicht retten kann, ihm zur leckeren Beute zu werden.“ (...).

Theaitet[55]

Die letzte zu untersuchende Schrift des γένος πειραστικόν ist der sehr umfangreiche Dialog *Theaitet*. In diesem geht es inhaltlich um den Begriff und das Wesen des Wissens, wie man aus dem Untertitel (ἢ περὶ ἐπιστήμης) entnehmen kann. Das eigentliche Gespräch, das, wie im Vorwort erklärt, von Eukleides durch die Nacherzählungen des Sokrates aufgezeichnet worden war und nun dem Terpsion von einem Sklaven des Eukleides vorgelesen wird, fand lange Zeit vorher statt, als Theaitet, der zum Zeitpunkt des Vortrags verwundet im Sterben lag, noch ein Jüngling war. Zu diesem Gespräch über das Wissen an sich kam es durch die Bemerkungen des damals im Gymnasium mitanwesenden Theodoros. Dieser rühmte vor Sokrates die Begabung und den Charakter des Theaitet und wies ihn zugleich auf die äußere Ähnlichkeit hin, die zwischen Sokrates und Theaitet bestand. Sobald nun Theaitet aus dem äußeren Gang des Gymnasiums, in dem das Gespräch stattfand, begleitet von einigen Altersgenossen, mit diesen beiden zusammengetroffen war, warf Sokrates schnell, auf die von Theodoros gelobte geistige Tüchtigkeit des Theaitet eingehend, die Frage nach dem Wesen des Wissens auf – eine Frage, deren Beantwortung Theaitet übernehmen sollte. Dieser erklärte sich gerne dazu bereit und es folgte eine Diskussion über das Wesen des Wissens, die drei Thesen behandelte: Wissen ist Wahrnehmung, Wissen ist richtige Meinung, Wissen ist richtige Meinung verbunden mit Erklärung. Im Zusam-

55 Vgl. dazu Erler (2007) 231–238 mit ausführlichen Literaturhinweisen (637–641).

menhang der Behandlung der ersten These kam es zu folgender Äußerung des Sokrates im Rahmen einer fiktiven Verteidigungsrede des Sophisten Protagoras zum Schutze seiner Lehre (166b7):

> (Σωκ.:) (...) μᾶλλον δὲ τὸν εἶναί τινα ἀλλ' οὐχὶ τούς, καὶ τούτους γιγνομένους ἀπείρους, ἐάνπερ ἀνομοίωσις γίγνηται, εἰ δὴ ὀνομάτων γε δεήσει θηρεύσεις **διευλαβεῖσθαι** ἀλλήλων; (…)

Der in diesem Zusammenhang verwendete Infinitiv Präsens des Kompositums διευλαβεῖσθαι, das stets eine Verstärkung der Aussage des Verbum simplex εὐλαβεῖσθαι ist, drückt, seinem Tempus entsprechend, den Aspekt einer fortwährenden Haltung aus und steht in Abhängigkeit eines elliptischen δοκεῖ σοι, das aus dem Kontext der Stelle ergänzt werden muss. Der fiktive Protagoras fragt Sokrates in Form von mehreren rhetorischen Fragen, ob man sich unter anderem nicht als διευλαβεῖσθαι zeigen müsse, einander nachzujagen, wenn es an Bezeichnungen fehle. Die Sinnrichtung des Kompositums erschließt sich sehr schnell aus der genaueren Betrachtung des fast schon metaphorisch gebrauchten Substantivs θηρεύσεις. In gleicher Weise, wie sich ein Hirsch oder Reh vor der Gefahr *in Acht nehmen* muss, den Jägern in die Falle zu gehen, so müssen sich auch Sokrates und Protagoras als διευλαβεῖσθαι zeigen, einander auf der Jagd des einen nach dem anderen, weil es an Begriffen fehlt, in die Falle zu gehen und somit zur Beute zu werden.

Die Bedeutung von διευλαβεῖσθαι ist in dieser Frage daher ohne weiteres mit den deutschen Begrifflichkeiten *auf der Hut sein vor* und *sich hüten vor* zu übersetzen, die den metaphorischen Gebrauch der Sprecherintention adäquat im Deutschen wiedergeben. Indizien für die Möglichkeit einer nachklassischen Bedeutung sind nicht aufzufinden und sollten deshalb nicht in Erwägung gezogen werden:

> (Sok.): (…) Oder, dass vielmehr irgendeiner nur der sei und nicht vielmehr die, ja, dass es unzählige werden, so lange Veränderung stattfindet, wenn es allerdings an Bezeichnungen fehlen wird, dass wir uns hüten müssen, einander nachzujagen? (…).

Zusammenfassung

Aufgrund der eingehenden Untersuchungen ist als Resümee festzuhalten, dass die Wortgruppe εὐλάβεια, εὐλαβής, εὐλαβεῖσθαι in allen fünf Textpassagen einzig und allein die für die klassische Phase des 4. Jahrhunderts übliche und ausreichend belegte Semantik der Begriffe der äußeren *Vorsicht* und *Achtsamkeit* ohne Ausnahme aufweist. Es konnten keinerlei einsetzende semantische Veränderungen in diesem Zusammenhang aufgespürt werden.

f). γένος ἐνδεικτικόν

Die sechste Gruppe der eingeteilten Schriften nehmen die Dialoge des γένος ἐνδεικτικόν ein, die im Allgemeinen aufgeworfene Fragenstellungen kritisch behandeln. Dieses Genus beinhaltet von allen in dieser Arbeit zu betrachtenden Gruppen die wenigsten Dialoge, da einzig der Dialog *Protagoras* Textstellen mit den Flexionsformen der zu untersuchenden Wortgruppe aufweist und daher einer eingehenderen Besprechung bedarf. Aus dem Untertitel des *Protagoras* (ἢ σοφισταί) ist zu entnehmen, dass dieser Dialog sich, der Thematik nach, der Gelehrtengilde der Sophisten widmet.

Protagoras[56]

Der Dialog beginnt mit der Begegnung des Sokrates mit einem Bekannten, dem Sokrates auf seine Frage, woher er denn komme, antwortet, dass er soeben ein längeres Gespräch mit Protagoras hatte. Der Bitte des Freundes, darüber nähere Auskunft zu geben, kommt Sokrates gerne nach und beginnt seine Erzählung mit dem Vorgespräch, das Hippokrates, ein junger, tüchtiger und edler Mann, der von Sokrates dem Sophisten Protagoras vorgestellt werden wollte, am frühen Morgen mit ihm geführt und ihn dadurch zur späteren Begegnung mit Protagoras veranlasst hatte. Da es noch zu früh am Morgen war, um in das Haus des Kallias, in dem Protagoras und sein Gefolge nächtigten, einzutreten, unterhielt sich Sokrates mit Hippokrates auf dem Hof desselben über die Absichten und Wünsche, die den Jüngling zu Protagoras trieben und deren Erfüllung er so vehement erstrebte. Auf all diese vermochte Hippokrates Antworten zu geben, einzig die Frage, was denn ein Sophist eigentlich sei, konnte von ihm nicht beantwortet werden, weshalb sich Sokrates veranlasst sah, die Warnung vor den Gefahren auszusprechen, denen der Bildungssuchende von seitens der Sophisten ausgesetzt ist. Mit diesen warnenden Worten im Gedächtnis trat man danach in das Haus ein. Schon während des Eintritts in die große Säulenhalle im Inneren des Hauses bot sich den Augen auf der

56 Vgl. dazu Erler (2007) 184–192 mit ausführlichen Literaturhinweisen (611–615).

Eingangsseite ein amüsantes Bild: Protagoras, der mit einer ganzen Schar von Verehrern auf und ab wandelte. Sich diesen Anblick in das Gedächtnis rufend verdeutlicht Sokrates seinem Bekannten mit folgenden Worten die Szenerie (315b2):

> (...) τοῦτον τὸν χορὸν μάλιστα ἔγωγε ἰδὼν ἥσθην, ὡς καλῶς **ηὐλαβοῦντο** μηδέποτε ἐμποδὼν ἐν τῷ πρόσθεν εἶναι Πρωταγόρου, ἀλλ᾽ ἐπειδὴ αὐτὸς ἀναστρέφοι καὶ οἱ μετ᾽ ἐκείνου, εὖ πως καὶ ἐν κόσμῳ περιεσχίζοντο οὗτοι οἱ ἐπήκοοι ἔνθεν καὶ ἔνθεν, καὶ ἐν κύκλῳ περιιόντες ἀεὶ εἰς τὸ ὄπισθεν καθίσταντο κάλλιστα. (...)

Der in diesem Zusammenhang verwendete Indikativ Imperfekt steht in hypotaktischer Konstruktion abhängig vom Verbum ἥδεσθαι und drückt seinem Tempus gemäß eine durative Haltung aus. Sokrates amüsierte sich köstlich, als er mitansehen musste, wie die Begleiter des Protagoras immerzu darum bemüht waren, sich als εὐλαβεῖσθαι zu zeigen, um dem Meister bei seinem Auf- und Abgehen nicht im Weg zu stehen. Obwohl weder im Kontext noch dem Verständnis nach von irgendeiner wirklichen Bedrohung die Rede ist, kann die Bedeutung der Flexionsform von εὐλαβεῖσθαι in diesem Zusammenhang im Deutschen einzig und allein mit den Begrifflichkeiten *auf der Hut sein vor* und *sich hüten vor* wiedergegeben werden. Die Begründung für diese durchaus richtige Entscheidung liegt in der Konzeption der Textpassage. Sokrates sieht die Anhänger des Protagoras, die ihn bei seinem Wandeln umringen und ihm fast ehrfürchtig, als ob er ein Gott wäre, der in einer Prozession herumgeführt wird, den Weg frei machen. Diese Form der Ehrfurcht drückt Platon mit dem Begriff εὐλαβεῖσθαι aus, der in diesem Zusammenhang natürlich seine eigentlich übliche Bedeutungsschwere verliert, aber dennoch in einer für die klassische Zeit belegten Verwendung steht. Indizien für den Beginn einer semantischen Wandlung in diesem Zusammenhang sind daher nicht festzumachen:

> (…) Zu diesem Zeitpunkt machte es mir besondere Freude, zu beobachten, wie geschickt und behutsam sie es vermieden, dem Protagoras vorn in den Weg zu treten; sooft nämlich er und seine Begleiter kehrtmachten, traten die stummen Zuhörer mit allem Anstand und in bester Ordnung auf beiden Seiten auseinander, schwenkten im Kreise herum und reihten sich dann hinten immer wieder mit unfehlbarer Sicherheit ein. (…).

Nachdem Sokrates und Hippokrates die Szene eine Zeitlang überschaut hatten, traten sie an Protagoras heran, wobei Sokrates dem Sophisten das

Anliegen des Hippokrates vortrug und die Bitte an ihn richtete, sei es in Gegenwart aller Anwesenden, sei es im Einzelgespräch ihm Auskunft zu geben über das, was die Jugend von den Sophisten Förderndes zu erwarten hätte. Protagoras erklärte sich gerne bereit, vor der ganzen Versammlung darüber Auskunft zu geben und begann seine Auslegung mit diesen fast apologetisch anmutenden Worten (316c5):

> (...) ὀρθῶς, ἔφη, προμηθῇ, ὦ Σώκρατες, ὑπὲρ ἐμοῦ. ξένον γὰρ ἄνδρα καὶ ἰόντα εἰς πόλεις μεγάλας, καὶ ἐν ταύταις πείθοντα τῶν νέων τοὺς βελτίστους ἀπολείποντας τὰς τῶν ἄλλων συνουσίας, καὶ οἰκείων καὶ ὀθνείων, καὶ πρεσβυτέρων καὶ νεωτέρων, ἑαυτῷ συνεῖναι ὡς βελτίους ἐσομένους διὰ τὴν ἑαυτοῦ συνουσίαν, χρὴ **εὐλαβεῖσθαι** τὸν ταῦτα πράττοντα: (...)

Der in diesem Kontext verwendete Infinitiv Präsens εὐλαβεῖσθαι steht in Abhängigkeit des unpersönlich konstruierten Verbums χρή, das in der Regel den AcI mit sich führt und die nachdrückliche Notwendigkeit einer Haltung formuliert. Gemäß dem präsentischen Tempus drückt εὐλαβεῖσθαι eine fortwährende Haltung aus.

Protagoras bedankt sich bei Sokrates für dessen Rücksichtnahme und beginnt, die Gefahren des Berufs der Sophisten kurz zu charakterisieren: Wer als Fremder in Städte kommt und versucht, die jungen Leute davon zu überzeugen, dass sie sich ihm anschließen müssen, um durch seinen Umgang geistig gefördert zu werden, der muss sich zu recht bei seinem Auftreten als εὐλαβεῖσθαι zeigen. Die Bedeutung des Verbums erschließt sich sehr schnell aus der Ergänzung der nicht explizit genannten Gefahr, angefangen von den wahrscheinlichen Anfeindungen durch die Verwandten der jungen Leute bis hin zu einer möglichen Anklage der städtischen Behörden, der man sich bei solchen Unternehmungen aussetzt. Diese Bedrohungen im Hinterkopf habend, muss man sich stets als εὐλαβεῖσθαι zeigen, was im Deutschen am treffendsten mit den für die klassische Zeit ausreichend belegten Begrifflichkeiten der *Vorsicht* und *Achtsamkeit*, der Sprecherintention folgend, wiederzugeben ist. Anzeichen für eine mögliche Veränderung des Begriffes εὐλαβεῖσθαι hinsichtlich seiner Semantik können in diesem Kontext völlig ausgeschlossen werden.

> Prot.: Danke dir, mein Sokrates, für deine Rücksicht auf mich. Denn wer als Fremdling große Städte besucht und in ihnen die tüchtigsten Jünglinge zu überzeugen versucht, ihren Umgang mit den anderen, seien es Verwandte oder Fernerstehende, Ältere oder Jüngere, auf-

> zugeben und sich ihm anzuschließen in der Hoffnung, durch seinen belehrenden Umgang sittlich gefördert zu werden, der hat allen Grund, vorsichtig bei seinem Auftreten zu sein. (…).

Noch im Kontext der Antwort auf die Frage nach dem Nutzen, den junge Leute durch ihr Zusammensein mit den Sophisten erhalten, findet sich eine weitere relevante Formulierung des Protagoras, die sich auf sein offenes Auftreten als Sophist bezieht (317b3):

> (...) ἐγὼ οὖν τούτων τὴν ἐναντίαν ἅπασαν ὁδὸν ἐλήλυθα, καὶ ὁμολογῶ τε σοφιστὴς εἶναι καὶ παιδεύειν ἀνθρώπους, καὶ **εὐλάβειαν** ταύτην οἶμαι βελτίω ἐκείνης εἶναι, τὸ ὁμολογεῖν μᾶλλον ἢ ἔξαρνον εἶναι: (...)

Das Substantiv εὐλάβεια ist in dieser Textpassage abhängig vom übergeordneten Verbum οἴεσθαι, das in der Regel eine AcI-Konstruktion nach sich führt.

Protagoras spricht von seinem bewusst offenen Auftreten als Sophist, von dem er die Meinung vertritt, dass es eine bessere Art der εὐλάβεια ist, diesen Beruf offen einzugestehen als ihn zu leugnen. Die Bedeutung von εὐλάβεια ist im selben semantischen Bereich zu suchen wie zuvor in 316d1, wie aus der Formulierung der Passage zu ersehen ist. Für Protagoras, der das Handeln eines Sophisten zuvor schon als notwendigerweise *vorsichtig* und *achtsam* beschrieben hatte, liegt die beste Art des εὐλαβεῖσθαι in der konkreten Form der εὐλάβεια, nämlich zuzugeben, ein Sophist zu sein, anstatt dies zu leugnen. Die Übersetzung des Substantivs muss daher sowohl die Semantik des Verbums εὐλαβεῖσθαι durch die abstrakten Begriffe der *Vorsicht* und *Achtsamkeit* erfassen als auch die Prägnanz in der griechischen Formulierung genau wiedergeben, was wohl am besten durch die konkrete deutsche Begrifflichkeit der *Vorsichtsmaßnahme* zu erfüllen ist. Eine Erweiterung oder Wandlung der Semantik ist anhand dieser Passage nicht zu erkennen:

> (…) Ich habe also einen Weg eingeschlagen, der gerade das Gegenteil davon ist: Ich räume offen ein, ein Sophist zu sein und die Menschen durch Bildung zu fördern, und ich denke, dass dies eine bessere Art von Vorsicht ist als jene, nämlich es offen einzugestehen als es zu leugnen. (…).

Eine dritte zu untersuchende Stelle offenbart sich wenig später. Sokrates mit den Antworten des Protagoras, dass der Nutzen für die jungen Leute darin läge, von Tag zu Tag besser zu werden und, dass sowohl ihre Brauchbarkeit als auch ihre Tüchtigkeit für Haus- und Staatsverwaltung zunähme, nicht ohne Zweifel zufrieden, hielt diesem verschiedene Einwände entgegen – unter anderem, dass auch die besten Staatsmänner nicht dazu fähig sind, wie es die Geschichte zeigt, ihren Söhnen diejenige Tüchtigkeit beizubringen, durch die sie selbst dem Staate sich nützlich erwiesen hatten. Auf die Bitte des Sokrates nun hin, Protagoras möge ihn von seinem Zweifel befreien, antwortete dieser mit der mythischen Erzählung von Prometheus, der von Protagoras bei seiner Verteilung der Gaben an die verschiedenen Tiergattungen in einer Bemerkung folgendermaßen beschrieben wurde (321a2):

> (...) ταῦτα δὲ ἐμηχανᾶτο **εὐλάβειαν** ἔχων μή τι γένος ἀϊστωθείῃ: (...)

Das Substantiv εὐλάβεια steht in dieser Passage nach einem fast formelhaften ἔχων, das im Griechischen die Präposotionen σύν (und μεθά) ersetzt und im Deutschen mit der Präposition *mit; zusammen mit* wiedergegeben wird. Prometheus wird von Protagoras als Mann beschrieben, der bei seiner Verteilung der Eigenschaften an die Tiergattungen mit einer Art von εὐλάβεια vorging, dass keine Gattung Gefahr lief, auszusterben zu müssen. Die Bedeutung des Substantivs liegt, wie es durch die explizite Benennung der Gefahr zu erkennen ist, eindeutig im Bereich der klassischen Semantik und ist daher wohl mit den Begriffen der *Vorsicht* und *Achtsamkeit* am treffendsten zu übersetzen. Mögliche Anzeichen, die auf eine beginnende Wandlung der Semantik hinweisen, können im Kontext der Passage daher völlig ausgeschlossen werden:

> (…) Bei diesem Verfahren aber war er mit aller Vorsicht darauf bedacht, dass keine Gattung etwa dem Untergang geweiht war. (…).

Die letzte zu untersuchende Textpassage eröffnet sich im an die Mythenerzählung anschließenden ersten Gespräch zwischen Sokrates und Protagoras, das sich mit den verschiedenen Namen und Formen der Tugend befasst. Da in diesem Gespräch Protagoras ein ums andere Mal von Sokrates widerlegt wurde, so dass er seine Definitionen von Tugend hätte verwerfen müssen, verfinsterte sich seine Stimmung zusehens, wie aus der Formulierung des Sokrates zu ersehen ist (333e2):

> (...) καί μοι ἐδόκει ὁ Πρωταγόρας ἤδη τετραχύνθαι τε καὶ ἀγωνιᾶν καὶ παρατετάχθαι πρὸς τὸ ἀποκρίνεσθαι: ἐπειδὴ

> οὖν ἑώρων αὐτὸν οὕτως ἔχοντα, **εὐλαβούμενος** ἠρέμα ἠρόμην. (...)

Das im Kontext verwendete Partizip Präsens steht in einer modal-hypotaktischen Konstruktion, die sich auf die Flexionsform des Verbums ἐρωτᾶν bezieht, und drückt, seinem Tempus gemäß, den Aspekt einer konativen Haltung aus. Sokrates fragte den Protagoras mit gedämpfter Stimme weiter, da er sich der momentanen Verfassung seines Gesprächspartners bewusst war, wobei er selbst versuchte, sich als εὐλαβεῖσθαι zu zeigen.

Obwohl im Kontext von keiner wirklichen Bedrohung die Rede ist, kann die Bedeutung die Partizipform von εὐλαβεῖσθαι in diesem Zusammenhang im Deutschen einzig und allein mit den Begrifflichkeiten der *Vorsicht* und *Achtsamkeit* wiedergegeben werden. Die Begründung für diese durchaus richtige Entscheidung liegt in der Konzeption der Textpassage. Sokrates sieht, dass die Stimmung des Protagoras durch die fortwährenden Widerlegungen, die er dessen Lehrsätzen zukommen lässt, immer schlechter wird, so dass er bei noch weiterer Reizung selbst in Gefahr geraten könnte, zum Opfer eines möglichen Zornausbruchs des Protagoras zu werden, dem unter Umständen ein Akt der Gewalt folgen könnte. Daher ist Sokrates aus eigenem Interesse dazu angehalten, bei seinen weiteren Fragen *Vorsicht* walten zu lassen, wie es durch das Partizip εὐλαβούμενος zum Ausdruck gebracht wird. Für eine beginnende Wandlung der Semantik lassen sich daher keinerlei Indizien finden:

> (…) Da schien es mir, als sei Protagoras übler Laune und kämpfe mit sich und habe sich schon zum Antworten in Positur gesetzt. Da ich ihn also in solcher Verfassung sah, fragte ich vorsichtig mit gedämpfter Stimme: (…).

Zusammenfassung

Aufgrund der eingehenden Untersuchungen der fünf relevanten Textstellen des γένος ἐνδεικτικόν ist als Resümee festzuhalten, dass die Wortgruppe εὐλάβεια, εὐλαβής, εὐλαβεῖσθαι einzig und allein die für die klassische Phase des 4. Jahrhunderts übliche und ausreichend belegte Semantik der Begriffe *Vorsicht* und *Achtsamkeit* ohne Ausnahme aufweist. Anzeichen für einsetzende semantische Veränderungen in diesem Zusammenhang konnten in keinster Weise aufgespürt werden.

g). γένος ἀνατρεπτικόν

Der Einteilung nach Diogenes Laertios folgend, stehen an siebter und letzter Stelle die Dialoge des γένος ἀνατρεπτικόν: *Euthydem* (drei Textstellen), *Gorgias* (vier Textstellen) und die pseudoplatonische Schrift *Hippias maior* (eine Textstelle).

Euthydem[57]

Der *Euthydem*, der an erster Stelle der von Diogenes Laertios eingeteilten Dialoge steht, behandelt in einem Gespräch zwischen Sokrates und Kriton, wie man aus seinem Untertitel (ἢ ἐριστικός) entnehmen kann, das Thema der Streitrede. Das Gespräch an sich gliedert sich in zwei verschiedene Teile: Im ersten Teil, der Einleitung, wird Sokrates von Kriton gebeten, über seine Unterhaltung mit dem Sophistenbrüderpaar Euthydem und Dionysodor am Tag zuvor Auskunft zu geben. Diese Brüder hatten behauptet, jedem, der es wollte, die Kunst der Eristik in kurzer Zeit beizubringen. Aus dieser Behauptung entwickelte sich rasch ein Gespräch mit Sokrates, von dem er nun Kriton erzählen sollte. Der zweite Teil, das eigentliche Hauptgespräch, berichtet zunächst von der Forderung des Sokrates an die Sophisten, eine Probe ihrer Lehrkunst zu geben, indem sie dem jungen Kleinias zuerst nur die Überzeugung von der Notwendigkeit des Strebens nach Weisheit und Tugend beibringen. Gerne erklärten sich die Sophisten dazu bereit, vorausgesetzt, dass der junge Mann ihnen Rede und Antwort stünde. Sogleich begannen diese mit einer Vexierfrage (erster Probegang der Sophisten), womit sie von vornherein den durchgängigen Charakter ihres Verfahrens kennzeichneten: Wer sind die Lernenden (μανθάνοντες), die Kundigen (σοφοί) oder die Unkundigen (ἀμαθεῖς)? Kleinias antwortete zum Leidwesen des Sokrates auf diese Frage unmittelbar, wie er mit folgender Bemerkung kommentiert (275e7):

> (...) καὶ αὐτοῦ μεταξὺ ταῦτα λέγοντος ὁ Κλεινίας ἔτυχεν ἀποκρινάμενος, ὥστε οὐδὲ παρακελεύσασθαί μοι ἐξεγένετο εὐλαβηθῆναι τῷ μειρακίῳ, ἀλλ᾽ ἀπεκρίνατο ὅτι οἱ σοφοὶ εἶεν οἱ μανθάνοντες. (...)

Der in diesem Zusammenhang verwendete Infinitiv Aorist εὐλαβηθῆναι, der seinem Tempus entsprechend den punktuellen Aspekt der Haltung ausdrückt, hängt vom übergeordneten Infinitiv Aorist παρακελεύσασθαι ab, der sich wiederum auf die unpersönlich konstruierte

57 Vgl. dazu Erler (2007) 121–128 mit ausführlichen Literaturhinweisen (591–594).

Verbalform (μοι) ἐξεγένετο bezieht, welche den Aspekt der Möglichkeit einer Handlung bezeichnet.

Sokrates berichtet davon, dass ihm keine Gelegenheit geboten wurde, den Kleinias dazu aufzufordern, sich bei seiner Antwort als εὐλαβηθῆναι zu zeigen. Die Bedeutung des Infinitivs erschließt sich schnell aus dem Kontext der Textpassage. Sokrates, der sich der Absicht dieser von den Sophisten gestellten Fangfrage bewusst ist, sieht die Gefahr, dass durch eine vorschnelle Antwort des Kleinias, mit der die beiden Brüder rechnen, die Fäden des Gespräches schnell in die Hände der Fragesteller geraten werden; dadurch würde erstens die Ebene der objektiven Argumentation zugunsten der Ebene der Scheinargumente verlassen werden, so dass die erstrebte Wahrheitsfindung nicht erreicht werden kann, und zweitens Kleinias in seiner Funktion als Gesprächspartner zum Spielball der sophistischen Lehren verkäme. Um diesen Gefahren vorzubeugen, wäre es aus der Sicht des Sokrates notwendig gewesen, sich bei der Beantwortung der Frage als εὐλαβηθῆναι zu erweisen, was im Deutschen am treffendsten mit den klassisch belegten Begriffen *sich in Acht nehmen vor* und *achtsam sein vor* wiederzugeben ist. Hinweise, die eine semantische Veränderung des Verbums εὐλαβεῖσθαι in diesem Kontext vermuten lassen, sind aus den genannten Gründen zu verwerfen:

> (…) Noch war er (scil. Dionysodor) nicht ganz fertig mit diesen Worten, da war Kleinias schon mit seiner Antwort heraus, so dass es mir gar nicht mehr möglich war, den Jüngling zur Vorsicht zu mahnen. Die Antwort aber lautete, die Weisen seien die Lernenden. (…).

Kleinias, im weiteren Kontext der Schrift nun zum Spielball der beiden Sophisten geworden, die, einmal am Zuge, weitere Trugschlüsse formulieren wollten, und völlig eingeschüchtert durch die Wortgewalt der Brüder, wird von Sokrates mit beschwichtigenden Worten zur Seite genommen, mit denen er ihm klar zu machen versucht, dass dies nur das Vorspiel zum eigentlichen ernsteren Vorgehen sei. Er selbst wolle den Versuch anhand eines Lehrbeispiels machen, um zu zeigen, wie man verfahren müsse, um dem von den Sophisten zu Anfang gegebenen Versprechen zu genügen. Diesem Lehrbeispiel, durch das Kleinias zum Streben nach Weisheit angeregt werden sollte, ihrerseits zu folgen, fordert Sokrates nunmehr die Sophisten auf, die zwar an seine Worte anknüpfen, aber nur, um sofort wieder ihr gewohntes Vexierspiel (zweiter Probegang der Sophisten) einzuleiten. Innerhalb der weiteren Formulierung von Trugschlüssen schaltet sich Ktesippos, der Liebhaber des Kleinias, in das

Gespräch ein. Wie Kleinias zuvor, wird auch dieser recht schnell zum Spielball der Sophisten und formuliert voller Ärger über die Fertigkeiten der Sophisten zuletzt fast schimpfend seine Antworten gegenüber den Fragen des Euthydem (284d5):

> (...) κακῶς ἄρα, ἔφη, λέγουσιν, ὦ Κτήσιππε, οἱ ἀγαθοὶ τὰ κακά, εἴπερ ὡς ἔχει λέγουσιν.
>
> ναὶ μὰ Δία, ἦ δ' ὅς, σφόδρα γε, τοὺς γοῦν κακοὺς ἀνθρώπους: ὧν σύ, ἐάν μοι πείθῃ, **εὐλαβήσῃ** εἶναι, ἵνα μή σε οἱ ἀγαθοὶ κακῶς λέγωσιν. ὡς εὖ ἴσθ' ὅτι κακῶς λέγουσιν οἱ ἀγαθοὶ τοὺς κακούς. (...)

Das Verbum simplex εὐλαβεῖσθαι, in die Konstruktion eines Eventualis eingefügt, ist seiner Form nach Indikativ Futur, der in der Regel in der Apodosis der Eventualiskonstruktion steht.

Ktesippos formuliert in seiner Antwort gleichzeitig an Euthydem den warnenden Ratschlag, dass er sich als εὐλαβεῖσθαι zeigen müsse, damit er nicht in die Gefahr gerate, dass die ἀγαθοί über ihn, als einem aus der Masse der Schlechten, in schlechter Weise reden. Die Erschließung der in dieser Passage verwendeten Semantik erweist sich unter Verweis auf die explizit erwähnte Gefahr der üblen Nachrede als nicht schwierig. Die Flexionsform von εὐλαβεῖσθαι sollte demnach am treffendsten mit den deutschen Begrifflichkeiten *in Acht nehmen vor* und *auf der Hut sein vor* übersetzt werden, da sie die Sprecherintention adäquat im Deutschen wiedergeben. Indizien, die auf eine Veränderung der Semantik hinweisen, können in diesem Kontext nicht erschlossen werden:

> (…) Demnach reden also, mein Ktesippos, die guten Leute schlecht von den Schlechten, wenn sie anders davon reden, wie es sich verhält.
>
> Ja, beim Zeus, erwiderte dieser (scil. Ktesippos), das tun sie im vollsten Maße, wenigstens sicher von den schlechten Menschen. Und, wenn du mir folgst, so hüte dich davor, zu diesen zu gehören, auf dass die Guten nicht schlecht von dir reden. (…).

Die dritte und letzte zu untersuchende Stelle des Dialogs *Euthydem* findet sich erst sehr viel später im dritten Probegang der Sophisten, weshalb die Zusammenfassung des weiteren Inhalts nur verkürzt dargestellt werden soll: Nach der zweiten Probe der Sophisten, die sich, wie erwähnt, im Gespräch der Brüder mit Sokrates und Ktesippos abspielt, folgt ein zweites kurzes Gespräch zwischen Sokrates und Kleinias, an das sich ein aus dem

Bericht des Sokrates herausgenommenes Zwischengespräch mit Kriton anschließt. Der letzte längere Bericht des Sokrates handelt vom dritten Probegang der Sophisten, in dem einige abstruse, fast komisch wirkende Behauptungen (z.B. dass Sokrates vaterlos sei, dass des Ktesippos Vater zugleich der Vater aller Menschen und Tiere sei) mittels der von den beiden Brüdern angewandten Kunst der Eristik bewiesen werden. Mit diesem Knalleffekt endet unter ungeheuerem Beifallsgelächter der Anwesenden die Probe der Sophisten, die von Sokrates mit einem ironischen Lob und einer ironischen Mahnung für die Zukunft begleitet wird (304a1):

> (...) τοῦτο μὲν οὖν τοῦ πράγματος σφῶν τὸ σοφὸν πρὸς μὲν τὸ ταχὺ παραδιδόναι καλόν, ἐναντίον δ' ἀνθρώπων διαλέγεσθαι οὐκ ἐπιτήδειον, ἀλλ' ἄν γέ μοι πείθησθε, **εὐλαβήσεσθε** μὴ πολλῶν ἐναντίον λέγειν, ἵνα μὴ ταχὺ ἐκμαθόντες ὑμῖν μὴ εἰδῶσιν χάριν. (...)

Das Verbum simplex εὐλαβεῖσθαι, in die Konstruktion eines Eventualis eingefügt, ist seiner Form nach Indikativ Futur, der in der Regel in der Apodosis der Eventualiskonstruktion steht.

Sokrates formuliert in seiner Mahnung an Euthydem und Dionysodor den warnenden Ratschlag, dass sie sich als εὐλαβεῖσθαι zeigen müssen, vor zahlreicher Versammlung mit ihren Unterredungen aufzutreten, damit nicht die Gefahr besteht, dass sie sich die Fertigkeit der Eristik zu rasch aneignen und so ihnen den nötigen Dank versagen. Die Erschließung der in dieser Passage verwendeten Semantik erweist sich unter Verweis auf die explizit erwähnte Gefahr wie in 284d8 als nicht schwierig und sollte demnach am treffendsten mit den deutschen Begrifflichkeiten *sich in Acht nehmen vor* und *auf der Hut sein vor* übersetzt werden, da sie die Sprecherintention adäquat im Deutschen wiedergeben. Indizien, die auf eine Veränderung der Semantik hinweisen, können in diesem Kontext nicht erschlossen werden:

> (…) Diese rasche Übertragbarkeit eurer Erfindung auf andere ist nun für euch eine recht schöne Sache, doch ist es nicht ratsam, eure Unterredungskunst vor vielen zu üben; vielmehr, wenn ihr auf meinen Rat hören wollt, so müsst ihr euch hüten, vor zahlreicher Versammlung mit euren Unterredungen aufzutreten, damit sie sich die Sache nicht zu rasch aneignen und euch den nötigen Dank versagen. (…).

Gorgias[58]

Die zweite, sehr umfangreiche Schrift des γένος ἀνατρεπτικόν ist der Dialog *Gorgias*, der sich, seinem Untertitel (ἢ περὶ ῥητορικῆς) nach, mit der problematischen Kunst der Rhetorik auseinandersetzt. Der Dialog besteht aus der Einleitung und drei verschiedenen Gesprächen des Sokrates mit Gorgias, Polos und Kallikles. Sokrates, gewillt, einen Vortrag des Gorgias anzuhören, den dieser in einer Halle hält, ist auf dem Markt durch seinen Schüler Chairephon aufgehalten worden und kommt mit ihm erst vor der Halle an, als der Vortrag gerade beendet ist. Der eben heraustretende Kallikles, dessen Gast Gorgias während seines Aufenthaltes in Athen ist, erklärt auf die Frage des Sokrates, Gorgias würde nicht abgeneigt sein, dem Sokrates Aufklärung über das Wesen seiner Kunst zu geben. Nachdem man in die Halle eingetreten ist, fordert Polos nach einem kurzen Vorgespräch mit Chairephon Gorgias selbst zur Unterredung mit Sokrates auf, worauf sich ein längeres Gespräch über das Wesen der Rhetorik entwickelt. Dieses endet mit einem Widerspruch des Gorgias, dessen gründliche Aufhellung, der Meinung des Sokrates folgend, eine lange Untersuchung erfordern würde. Polos, der jetzt an die Stelle des Gorgias als Mitunterredner tritt, erklärt den angeblichen Widerspruch lediglich als Folge der falschen Scham, die Gorgias zu dem Zugeständnis geführt habe. Sokrates begrüßt nicht ohne Ironie sein Eingreifen in die Verhandlung und überlässt ihm die Rolle des Fragenden, die dieser jedoch nicht angemessen ausfüllen kann, da er stets die Frage nach dem Wesen der Rhetorik mit der nach ihrer Macht zusammenwirft. Daher sieht sich Sokrates selbst veranlasst, in längeren Darlegungen seine Ansicht über sie zu entwickeln. Fast am Ende seiner Auslegungen kommt es im Rahmen des Verhältnisses von Recht und Unrecht zu folgender Äußerung des Sokrates (480e5):

> (...) Σωκ.: τοὐναντίον δέ γε αὖ μεταβαλόντα, εἰ ἄρα δεῖ τινα κακῶς ποιεῖν, εἴτ᾽ ἐχθρὸν εἴτε ὁντινοῦν, ἐὰν μόνον μὴ αὐτὸς ἀδικῆται ὑπὸ τοῦ ἐχθροῦ—τοῦτο μὲν γὰρ **εὐλαβητέον**—ἐὰν δὲ ἄλλον ἀδικῇ ὁ ἐχθρός, παντὶ τρόπῳ παρασκευαστέον, καὶ πράττοντα καὶ λέγοντα, ὅπως μὴ δῷ δίκην μηδὲ ἔλθῃ παρὰ τὸν δικαστήν: (...)

Das Verbum εὐλαβεῖσθαι steht in dieser Textpassage in der Form des unpersönlich konstruierten Verbaladjektivs εὐλαβητέον, das die Notwendigkeit einer Haltung zum Ausdruck bringt.

58 Vgl. dazu Erler (2007) 132–141 mit ausführlichen Literaturhinweisen (596–598).

Sokrates vertritt die Meinung, dass es notwendig ist, sich als εὐλαβεῖσθαι zu zeigen, um selbst nicht zum Opfer eines Unrechts zu werden, das ein Feind verübt hat. Die Erschließung der in dieser Passage verwendeten Semantik erweist sich unter Verweis auf die zwar nicht explizit erwähnte, aber leicht zu ergänzende Gefahr als unproblematisch. Sollte man sich nicht als εὐλαβεῖσθαι zeigen, besteht wohl die Gefahr, persönlich Schaden an Leib und Leben zu erleiden, woraus am treffendsten die Übersetzung des Verbaladjektivs mit den konkreten Begrifflichkeiten *sich in Acht nehmen vor* und *auf der Hut sein vor*, welche die abstrakte Haltung der *Vorsicht* und *Achtsamkeit* mit sich führt, zu empfehlen ist. Die Notwendigkeit einer Semantikverschiebung ist wohl für diesen Kontext auszuschließen:

> (…) Sok.: Wenn man aber nun umgekehrt in die Lage kommt, irgendeinem Menschen Leid zufügen zu müssen, sei es einem Feind oder wem sonst – nur hüte man sich sorgfältig davor, selbst der Beleidigte zu sein, belasse es vielmehr bei dem Fall, dass der Feind einem anderen Unrecht zufügt -, muss man auf jede Weise durch Tat und Wort versuchen, es zu erreichen, dass er keine Strafe erhält und nicht vor den Richter kommt. (…).

Mit der Feststellung, dass die Rhetorik, wenn sie sich selbst recht versteht, nahezu den entgegengesetzten Standpunkt einnehmen muss als den tatsächlich von ihr vertretenen, endet die Unterredung mit Polos und es folgt das dritte Gespräch mit Kallikles, durch dessen Eingreifen der Dialog eine weit umfassendere Bedeutung gewinnt. Haben sich die bisherigen Ausführungen unmittelbar oder mittelbar an die Rhetorik als solche angeschlossen, so erscheint nunmehr die Rhetorik nur noch als Vertreterin als eine der zwei Lebensanschauungen, zwischen denen es zu wählen gilt. Diese Wendung erhält das Gespräch durch die Einführung der Begriffe φύσις und νόμος, die beide, aber von verschiedenen Gesichtspunkten aus, für die Beurteilungen des sittlich Schönen und Hässlichen bestimmend sind. Innerhalb dieses umfangreichen Gespräches kommt es zu drei Äußerungen des Sokrates, die eingehender zu untersuchen sind. Die erste befindet sich in der Erwähnung eines mitangehörten Gesprächs der Sophisten, das Fragen zur σοφία behandelt hat (487c4):

> (Σωκ.:) (...) καί ποτε ὑμῶν ἐγὼ ἐπήκουσα βουλευομένων μέχρι ὅποι τὴν σοφίαν ἀσκητέον εἴη, καὶ οἶδα ὅτι ἐνίκα ἐν ὑμῖν τοιάδε τις δόξα, μὴ προθυμεῖσθαι εἰς τὴν ἀκρίβειαν φιλοσοφεῖν, ἀλλὰ **εὐλαβεῖσθαι**

> παρεκελεύεσθε ἀλλήλοις ὅπως μὴ πέρα τοῦ δέοντος σοφώτεροι γενόμενοι λήσετε διαφθαρέντες. (...)

Der hier vorzufindene Infinitv Präsens εὐλαβεῖσθαι, der seinem Tempus nach den Aspekt einer fortwährenden Haltung zum Ausdruck bringt, ist also durch die Abhängigkeit vom übergeordneten Hauptverbum παρακελεύεσθαι zu erklären.

Sokrates erwähnt in diesem Kontext den warnenden Ratschlag, den sich die Sophisten untereinander erteilten, sich stets als εὐλαβεῖσθαι davor zu zeigen, durch Erhöhung ihrer Weisheit über das nötige Maß hinaus in die Gefahr zu geraten, sich selbst unvermerkt ins Verderben zu stürzen. Die Bedeutung von εὐλαβεῖσθαι ist aufgrund der Warnung vor einer explizit ausgesprochenen Gefahr am ehesten mit den für die klassische Zeit üblichen Begrifflichkeiten *sich in Acht nehmen vor* und *vorsichtig sein* im Deutschen zu übersetzen. Die Gefahr bei Nichtbeachten der Warnung liegt wohl darin, dass die Überhöhung des sophistischen Wissens über die nötige Maßhaltung hinaus zu Ablehnung, Anfeindungen und Hass in der Bevölkerung der Städte führen würde, dessen Folgen wohl die gewaltsame Verfolgung der Sophisten wäre. Unter Verweis auf die vorgebrachte Begründung der verwendeten Semantik sind Indizien, die einen nachklassischen Bedeutungswandel an dieser Stelle rechtfertigen, nicht aufzufinden:

> (Sok.): (…) Denn ich hörte einst einer Besprechung von euch zu über die Frage, wie weit man sich mit der Weisheit befassen müsse, und erinnere mich recht wohl, dass unter euch die Meinung durchdrang, man dürfe nicht zu gründlich philosophieren, vielmehr gabt ihr euch gegenseitig den Rat, euch davor in Acht zu nehmen, durch Erhöhung eurer Weisheit über das nötige Maß hinaus euch unvermerkt ins Verderben zu stürzen. (…).

Die zweite Passage innerhalb des Gesprächs mit Kallikles befindet sich an späterer Stelle des Dialogs. Sokrates, der über das zwar an einer schlimmen, aber noch nicht ausgebrochenen Krankheit leidende Athen spricht, deren Ursache nach ihrem Ausbruch nicht bei den eigentlichen Schuldigen, sondern stets bei den momentanen Machthabern, wie beispielsweise einem Kallikles oder Alkibiades, gesucht wird, gibt dem Kallikles folgenden warnenden Ratschlag (519a7):

> (Σωκ.:) (...) σοῦ δὲ ἴσως ἐπιλήψονται, ἐὰν μὴ **εὐλαβῇ**, καὶ τοῦ ἐμοῦ ἑταίρου Ἀλκιβιάδου, ὅταν καὶ τὰ ἀρχαῖα

> προσαπολλύωσι πρὸς οἷς ἐκτήσαντο, οὐκ αἰτίων ὄντων τῶν κακῶν ἀλλ' ἴσως συναιτίων. (...)

Ohne große Komplikationen ist in diesem Zusammenhang die Bedeutung des Verbum simplex εὐλαβεῖσθαι zu erschließen, das Platon Sokrates in den Mund legt. Eingebunden in die Konstruktion eines Eventualis und folglich im Konjunktiv (Präsens) stehend, korreliert εὐλαβεῖσθαι an dieser Stelle direkt mit der übergeordneten futurischen Verbalform von ἐπιλαμβάνειν. Da die Bedeutung ἐπιλαμβάνειν in der Apodosis das *gewaltsame Herfallen* über eine dritte Person bezeichnet und somit die Gefahr für Leib und Leben zum Ausdruck bringt, ist es durchaus wahrscheinlich, dass ἐὰν μὴ εὐλαβῇ im Deutschen treffend mit „*wenn/falls du nicht achtsam (vorsichtig etc.) bist*" zu übersetzen ist. Aus diesem Grund ist die klassische Bedeutung *vorsichtig sein*; *sich hüten vor*; *sich in Acht nehmen vor* des Verbums εὐλαβεῖσθαι als einzig sinngebende vorzuziehen. Für einen Bedeutungswandel von εὐλαβεῖσθαι in diesem Kontext lassen sich keine Indizien finden:

> (Sok.): (…) Über dich aber werden sie vielleicht herfallen, wenn du dich nicht in Acht nimmst, und über meinen Freund Alkibiades, wenn sie mit dem neugewonnenen Besitz auch noch den alten verlieren; und doch seid ihr höchstens mitschuldig an dem Unheil, nicht aber die eigentlichen Schuldigen. (…).

Die letzte zu untersuchende Textpassage im Gespräch mit Kallikles befindet sich im Schlussteil des gesamten Dialogs. Dort fasst Sokrates mit diesen Worten die Ergebnisse des Gesprächs zusammen (527b2):

> (Σωκ.:) (...) ἀλλ' ἐν τοσούτοις λόγοις τῶν ἄλλων ἐλεγχομένων μόνος οὗτος ἠρεμεῖ ὁ λόγος, ὡς **εὐλαβητέον** ἐστὶν τὸ ἀδικεῖν μᾶλλον ἢ τὸ ἀδικεῖσθαι, καὶ παντὸς μᾶλλον ἀνδρὶ μελετητέον οὐ τὸ δοκεῖν εἶναι ἀγαθὸν ἀλλὰ τὸ εἶναι, καὶ ἰδίᾳ καὶ δημοσίᾳ: (...)

Das Verbum εὐλαβεῖσθαι steht in dieser Textpassage in der Form des unpersönlich konstruierten Verbaladjektivs εὐλαβητέον, das die Notwendigkeit einer Haltung zum Ausdruck bringt.

Sokrates sieht das Ergebnis des Gesprächs darin, dass von den vielen Thesen alle bis auf den Satz widerlegt sind, es sei notwendig, sich mehr davor als εὐλαβεῖσθαι zu zeigen, selbst Unrecht zu verüben, als Opfer eines Unrechts zu werden. Die Erschließung der in dieser Passage verwendeten Semantik erweist sich aus der Aufteilung der Aussage in zwei Teile als unproblematisch: Sollte man sich nicht als εὐλαβεῖσθαι zeigen, Unrecht zu erleiden, besteht wohl die Gefahr darin, persönlich Schaden an Leib und Leben zu nehmen, was aus ethischen Gründen jedoch der Möglichkeit, selbst Unrecht zuzufügen, vorzuziehen ist. Vor beiden Haltungen muss man sich als εὐλαβεῖσθαι zeigen, wobei die Abstufung jedoch darin liegt, dass es besser ist, Unrecht zu erleiden, als selbst Unrecht zu tun. Die Übersetzung des Verbaladjektivs mit den konkreten Begrifflichkeiten *sich in Acht nehmen vor* und *auf der Hut sein vor*, welche die abstrakte Haltung der *Vorsicht* und *Achtsamkeit* mit sich führen, ist für beide Aussagen zu empfehlen. Die Notwendigkeit einer Semantikverschiebung ist wohl für diesen Kontext auszuschließen:

> (Sok.): (...) Denn während von den vielen Aufstellungen alle anderen widerlegt wurden, blieb allein der Satz unverrückt stehen, dass man sich mehr hüten müsse vor dem Unrechttun als vor dem Unrechterleiden, und dass ein Mann vor allem anderen danach trachten müsse, nicht gut zu scheinen, sondern gut zu sein, im persönlichen wie im öffentlichen Umgang. (...).

Hippias maior[59]

Die dritte und letzte zu untersuchende Schrift des γένος ἀνατρεπτικόν ist der pseudoplatonische Dialog *Hippias maior*. Obwohl dieser neuerdings in der Forschung wieder überwiegend als platonisch angesehen wird, bleiben dennoch gewisse Bedenken, die sich an die doppelte Behandlung der Gestalt des Hippias (auch im *Hippias minor* Hauptperson) sowie an Besonderheiten motivischer und szenischer oder lexikalischer Art knüpfen. Falls der Dialog nicht von Platon, sondern von einem anderen Akademiker stammen sollte, wird man ihn verhältnismäßig früh, noch zu Lebzeiten Platons oder wenig später, ansetzen müssen. Aus seinem Untertitel (ἢ περὶ καλοῦ) ist zu entnehmen, dass er das Phänomen des Schönen behandelt.

Der schöne und weise Hippias, mit dem Prachtgewand und zierlichen Sandalen bekleidet, kommt auf einer seiner Reisen nach Athen, das nicht häufig in den Genuss seines Besuches gerät. Aus gutem Grund, wie er dem ihn begrüßenden Sokrates mitteilt: Die häufigen diplomatischen Sendungen nämlich, zu denen ihn das Vertrauen seiner Mitbürger beruft, lassen ihm nicht viel Zeit für Privatreisen übrig. Sokrates versteht es sofort, dessen

59 Vgl. dazu Erler (2007) 301-304 mit ausführlichen Literaturhinweisen (667-668).

bewegtes Geschäfts- und Wanderleben in Beziehung zu den großen Einnahmen zu setzen, die der Sophist dabei einheimst; ein gewaltiger Fortschritt, wie Sokrates meint, im Vergleich zu den Weisen der früheren Zeiten, die weder Staatsgeschäfte betrieben noch ihre Weisheit dazu ausnutzten, Reichtümer anzusammeln: Ein Bias, der wieder am Leben wäre und sich mit der Gilde der Sophisten vergleichen ließe, würde lächerlich erscheinen, wie auch Dädalos lächerlich wäre, wollte er mit den Werken auftreten, die ihm seinen berühmten Namen verschafft hatten. Beiden Äußerungen muss Hippias uneingeschränkt zustimmen, räumt aber dennoch folgendes ein (282a4):

> (...) Ἱπ.: ἔστι μὲν ταῦτα, ὦ Σώκρατες, οὕτως ὡς σὺ λέγεις: εἴωθα μέντοι ἔγωγε τοὺς παλαιούς τε καὶ προτέρους ἡμῶν προτέρους τε καὶ μᾶλλον ἐγκωμιάζειν ἢ τοὺς νῦν, **εὐλαβούμενος** μὲν φθόνον τῶν ζώντων, φοβούμενος δὲ μῆνιν τῶν τετελευτηκότων.

Das in diesem Zusammenhang verwendete Partizip Präsens des Verbum simplex, das, seinem Tempus entsprechend, eine fortwährende Haltung zum Ausdruck bringt, steht in kausal-hypotaktischer Konstruktion bezogen auf die Perfektform εἴωθα.

Hippias räumt ein, dass er die Vorfahren mehr preist als die jetzt Lebenden, wobei er sich zwar stets als ein εὐλαβούμενος vor dem Neid der Lebenden zeigt, aber stets vor dem Zorn der Toten fürchtet. Die konkrete Bedeutung des Verbums εὐλαβεῖσθαι ergibt sich erstens aus dem Bezug auf den φθόνον τῶν ζώντων, vor der man sich als ein εὐλαβούμενος zeigen muss, um einer Bedrohung für das leibliche Wohlergehen entgehen zu können; und zweitens aus der Korrelation mit der parallel konstruierten Partizipform von φοβεῖσθαι, die sich auf μῆνιν τῶν τετελευτηκότων bezieht und eindeutig den Aspekt der *Furcht* vor dem fast nicht zu beschwichtigenden Zorn der Toten ausdrückt. Die Verwendung von εὐλαβεῖσθαι und φοβεῖσθαι ist in diesem Kontext fast klimatisch, die Semantik von εὐλαβεῖσθαι als Vorstufe der Semantik von φοβεῖσθαι anzusehen, weswegen die griechische Bedeutung εὐλαβεῖσθαι in dieser Textpassage im Deutschen wohl am treffendsten mit der konkreten Begrifflichkeit der *scheuen Vorsicht* wiederzugeben ist, welche die abstrakten Verhaltensweisen der *Rücksicht* und *Achtsamkeit* umfassend in sich trägt: Vor dem Zorn der Toten muss man sich fürchten, dem Neid der Lebenden muss man mit *scheuer Vorsicht* begegnen. Unter Verweis auf die Sinnlogik der Textpassage und die Sprecherintention müssen die Möglichkeiten einer beginnenden semantischen Veränderung ausgeschlossen werden:

> (…) Hip.: Es ist so, mein Sokrates, wie du es sagst. Gleichwohl halte ich für meine Person es damit so, dass ich die Alten und uns Vorangegangenen als solche auch mehr preise als die Jetzigen, aus Vorsicht vor dem Neid der Lebenden und aus Furcht vor dem Zorn der Toten. (…).

Zusammenfassung

Die Ergebnisse der Untersuchungen der relevanten Textstellen des γένος ἀνατρεπτικόν zeigen, dass die Wortgruppe εὐλάβεια, εὐλαβής, εὐλαβεῖσθαι in allen acht Textpassagen einzig und allein die für die klassische Phase des 4. Jahrhunderts vor Christus übliche und ausreichend belegte Semantik der Begriffe *Vorsicht* und *Achtsamkeit* ohne Ausnahme aufweist. Anzeichen für einsetzende semantische Veränderungen in diesem Zusammenhang konnten zu keiner Zeit erkannt werden.

Mit der Schrift des *Hippias maior* ist die Untersuchung der von Diogenes Laertios als echt angesehenen Dialoge des *Corpus Platonicum* abgeschlossen. Der Vollständigkeit wegen sollen jedoch auch jene relevanten Textpassagen der bereits seit der Antike als eindeutig pseudoplatonisch angesehenen Schriften, nämlich *Definitiones* und *Eryxias*, aufgrund ihrer Aufnahme in die *Appendix Platonica* und ihrer Zugehörigkeit zum platonischen Werk untersucht und besprochen werden.

Definitiones[60]

Die *Definitionen* nehmen im *Corpus Platonicum* eine Sonderstelle ein, stehen sie doch in der Art eines Vermittlers zwischen den als wahrhaft von Platon überlieferten Schriften, die Einzug in die Tetraden gefunden haben, und den schon seit der Antike als „Fälschungen" tradierten Dialogen, den νοθευόμενοι. Die Sammlung von *Ὅροι* umfasst gegen 200 Stichwörter mit knapp 300 Definitionen. Der Hauptteil lässt in seiner Anlage einen systematischen Aufbau erkennen, bei dem auf einen physikalisch–theologischen Abschnitt ein ethisch–politischer (411d1) und ein dialektisch–grammatischer (414a8) folgen; der Anhang (414e6) enthält mit Ausnahmen nochmals überwiegend ethisch–politische Definitionen. Obwohl die Sammlung

60 Vgl. dazu H. J. Krämer: Die Ältere Akademie, in: H. Flashar (Hg.): Grundriß der Geschichte der Philosophie. Philosophie der Antike, Band 1/3: Ältere Akademie - Aristoteles - Peripatos (Basel/Stuttgart 22004) 96; Erler (2007) 322.

erst in der Kaiserzeit bezeugt und dem *Corpus Platonicum* zugefügt worden ist, besagt dies nichts gegen ihre altakademische Herkunft: Die Einteilung nach Disziplinen entspricht genau derjenigen des Xenokrates. Außerdem sind Übereinstimmungen mit den späteren platonischen Dialogen wie mit der aristotelischen Topik und Rhetorik, die altakademisches Lehrgut referieren, nachweisbar.

Es ist anzunehmen, dass aufgrund der Bezeugung einer Definitionensammlung des Speusipp und der Nennung von sonst unbekannten Definitionen Platons durch Aristoteles die vorliegende, erhaltene Sammlung eine Auswahl aus einem größeren altakademischen Bestand an Definitionen sein dürfte. Übereinstimmungen mit peripatetischer oder stoischer Lehre dürften im Wesentlichen mit deren Abhängigkeit von der Älteren Akademie zu erklären sein.

Die Bedeutungserschließung der in den vier relevanten *Definitiones* vorkommenden Flexionsformen der Wortgruppe um εὐλάβεια erweist sich im Gegensatz zu den vorausgegangenen Textpassagen als kompliziert, obwohl ein innerer Zusammenhang vorzufinden ist. Die Schwierigkeit liegt darin, dass abstrakte, mitunter tugendhafte Eigenschaften durch wiederum abstrakte Verhaltensweisen bestimmt und charakterisiert werden. So wird σωφροσύνη unter anderem folgendermaßen definiert (412a2):

> (...) ἕξις καθ' ἣν ὁ ἔχων αἱρετικός ἐστι καὶ εὐλαβητικὸς ὧν χρή. (...)

Das in diesem Zusammenhang verwendete Verbaladjektiv εὐλαβητικός steht in unmittelbarer Korrelation mit dem vorausgegangenen Verbaladjektiv αἱρετικός. Beide (Verbal-) Adjektive beschreiben zusammen die Fähigkeit (ἕξις), die ein Mensch, der in ihrem Besitz ist, an den Tag legt: Dieser ist demnach wählerisch und in den Angelegenheiten, in denen es notwendig ist, εὐλαβητικός; diese Semantik ist im Deutschen am treffendsten mit den abstrakten Begriffen der *Vorsicht* und *Achtsamkeit* wiederzugeben und wohl als klassisch anzusehen. Indizien für eine einsetzende Bedeutungswandlung sind nicht auszumachen:

> (...) Eine Fähigkeit, der gemäß derjenige, der sie besitzt, auswählend ist und in den Angelegenheiten, wo es notwendig ist, vorsichtig. (...).

Die Schwierigkeit der Bedeutungserschließung nimmt für die Untersuchung der drei weiteren Textpassagen zu, da es sich um Einzeldefinitionen handelt, die sowohl keinerlei Kontext aufweisen als auch durch absolute Kürze in der Ausdrucksweise hervorstechen. Besonders die Definitionen von 412c9 und 414a12 erscheinen so besonders, dass es in diesem Fall angebracht ist, die eigentliche Reihenfolge außer Acht zu lassen. Im Kontext heißt es dort (412c9 und 414a12):

> (…) εὐλάβεια ὀρθοῦ ψόγου. (…)
>
> (…) Vorsicht vor gerechtem Tadel. (…).
>
> (…) Ἁγνεία εὐλάβεια τῶν πρὸς τοὺς θεοὺς ἁμαρτημάτων. (…)
>
> (…) Züchtigkeit ist die Vorsicht vor den Verfehlungen an den Göttern. (…).

Ob diese beiden *Definitiones* nun als originär akademisch anzusehen sind, oder doch eher auf die Stoa zurückgehen und daher unvorhergesehen in das *Corpus Platonicum* aufgenommen worden sind, lässt sich im Rahmen dieser Untersuchung nicht beantworten. Die Semantik des griechischen Substantivs ist im Deutschen wohl in den klassisch belegten Bereichen der *Vorsicht* und *Achtsamkeit* zu finden. Anzeichen für den Beginn einer semantischen Veränderung sind in diesem Kontext nicht erkennbar.

Die vierte und letzte Definition charakterisiert den Begriff der εὐλάβεια folgendermaßen (413d1):

> (…) εὐλάβεια φυλακὴ κακοῦ. ἐπιμέλεια φυλακῆς. (…)

Die Eigenschaft der εὐλάβεια ist die Wachsamkeit (φυλακή), die dafür Sorge trägt, dass ein Übel (κακόν) entdeckt und vermieden wird. Die Bedeutung von εὐλάβεια kann, wie auch zuvor schon festgehalten, unter Verweis auf die Intention der Textaussage nur im klassisch bezeugten Bereich der *Vorsicht* und *Achtsamkeit* gefunden werden. Dieser trägt umfassend den Charakter der *Wachsamkeit* in sich und wird durch den Begriff φυλακή mit εὐλάβεια in Verbindung gebracht. Hinweise, die eine nachklassische Semantik zulassen, sind nicht gegeben:

> (…) Vorsicht ist die Wachsamkeit vor einem Übel. Aufmerksamkeit aber ist die Wachsamkeit der Wachsamkeit. (…).

***Eryxias*[61]**

Die zweite, eindeutig pseudoplatonische Schrift, die dennoch in das *Corpus Platonicum* innerhalb der *Appendix* Aufnahme fand, ist der umfangreiche, an Platons *Euthydem* und *Menon* anknüpfende Dialog *Eryxias*.

61 Vgl. dazu Erler (2007) 331–333 mit ausführlichen Literaturhinweisen (673).

Dieser behandelt in einem Gespräch des Sokrates mit Eryxias, Kritias und dem Sizilier Erasistratos das Verhältnis der Güterklassen unter dem Gesichtspunkt der Ambivalenz der äußeren Güter und ihres richtigen Gebrauchs, vornehmlich am Beispiel des Reichtums. Die Verteidigung des Reichtums als einer notwendigen Bedingung (405a3 und 405b4) der Eudaimonie deutet auf eine Auseinandersetzung mit der kynisch–stoischen Adiaphorie hin. Da auch die abschließende Minimalisierung des Reichtums und der ihm entsprechenden Bedürfnisse akademisch sein kann, empfiehlt sich die Zuordnung zur Akademie Polemons. Dagegen bietet sich kein zureichender Anhalt für eine Datierung in die Periode der aporetischen Akademie.[62] Etwa in der Mitte des Gesprächs kommt es zu folgender Äußerung des Sokrates, die sich auf die Stimmung des Eryxias bezieht (397c4):

> (...) καταμαθὼν δ ἐγὼ οὕτως ἔχοντα τὸν Ἐρυξίαν, καὶ εὐλαβούμενος μὴ πορρωτέρω τις λοιδορία καὶ ἐναντίωσις γένοιτο, Τουτονὶ μὲν τὸν λόγον, ἔφην ἐγώ, πρῴην ἐν Λυκείῳ ἀνὴρ σοφὸς λέγων Πρόδικος ὁ Κεῖος ἐδόκει τοῖς παροῦσιν φλυαρεῖν οὕτως, ὥστε μηδένα δύνασθαι πεῖσαι τῶν παρόντων ὡς ἀληθῆ λέγει. (...)

Das im Kontext verwendete Partizip Präsens steht in einer kausal-hypotaktischen Konstruktion, die sich auf die Flexionsform ἔφην bezieht, und drückt, seinem Tempus gemäß, den Aspekt einer konativen Haltung aus.

Sokrates erzählt seinen Gesprächspartnern fast beschwichtigend, da er sich der momentanen Verfassung des Eryxias bewußt ist und selbst versuchen will, sich als εὐλαβεῖσθαι zu zeigen, um weitere Verleumdungen und Widersprüche zu vermeiden, die Anekdote vom Auftritt des Prodikos im Lyceum am Vortag des Gesprächs. Obwohl im Kontext von keiner wirklichen Bedrohung die Rede ist, kann die Bedeutung die Partizipform von εὐλαβεῖσθαι in diesem Zusammenhang im Deutschen einzig und allein mit den Begrifflichkeiten der *Vorsicht* und *Achtsamkeit* wiedergegeben werden. Die Begründung für diese durchaus richtige Entscheidung liegt in der expliziten Nennung von λοιδορία καὶ ἐναντίωσις, vor deren weiterem Auftreten Sokrates sich als εὐλαβεῖσθαι zeigen will. Sollte ihnen nicht die nötige Haltung der εὐλάβεια entgegengebracht werden, ist die Wahrschein-

62 Zur genaueren Betrachtung des *Eryxias*: D. E. Eichholz: The Pseudo-Platonic Dialogue Eryxias, in: ClQu 29 (1935) 129–149; K. Döring: Die Prodikos-Episode im pseudoplatonischen Eryxias, in: K. Döring, M. Erler, S. Schorn: Pseudoplatonica (Stuttgart 2005) 69–80.

lichkeit sehr groß, dass die Diskussion, die der Wahrheitsfindung dient, von den richtigen Bahnen abkommt und sowohl weitere Widersprüche als auch Verleumdungen nach sich ziehen wird. Daher versucht Sokrates mit seiner fast beschwichtigend formulierten Anekdote, *Vorsicht* und *Achtsamkeit* walten zu lassen, wie es durch das Partizip εὐλαβούμενος zum Ausdruck gebracht wird. Für eine beginnende Wandlung der Semantik lassen sich daher keinerlei Indizien finden:

> (…) Ich aber, weil ich langsam bemerkte, dass Eryxias eine solche Stimmung an den Tag legte, und auf der Hut sein wollte, dass nicht noch weiter eine Art von Verleumdung und Widerspruch auftreten, sagte: „Als gestern Prodikos aus Keos, ein weiser Mann, diese Rede im Lykeion hielt, da schien er allen Anwesenden solches Geschwätz von sich zu geben, so dass er keinen von den Anwesenden davon zu überzeugen in der Lage war, dass er die Wahrheit spricht. (…).

Schlussbetrachtung

Nach Untersuchung aller relevanten Textstellen innerhalb des platonischen Werks sollte das Ergebnis dieser Studie in wenigen Worten zusammengefasst werden.

Aus den Einzelbesprechungen geht, wie nicht anders erwartet, hervor, dass in der Summe aller Textstellen die klassische Semantik der Wortgruppe εὐλάβεια, εὐλαβής, εὐλαβεῖσθαι und ihre ebenso klassisch belegten Konstruktionen mit Abstand in den untersuchten Dialogen hervorragen. Dennoch aber sollte nicht verschwiegen werden, dass in einzelnen Passagen eine differenzierte Semantik vorliegt, für deren Auftreten in den meisten Fällen die Konzeption des griechischen Originals verantwortlich ist. Insbesondere im Phaidon (90d9; 91b8; 99d5) sind diese Beobachtungen augenscheinlich und nicht zu leugnen. Im Kontext der untersuchten Stellen ist sowohl von einer möglichen Täuschung und Gefährdung des Seelenzustandes die Rede als auch von der Blendung und folglich einer Schädigung der Seele, vor der sich der Einzelne scheuen, fürchten und in Acht nehmen muss. Die Semantik der Wortgruppe um εὐλάβεια hat sich in diesem Zusammenhang nachweislich von einer rein äußeren Haltung der Achtsamkeit zu einer gerade auch inneren Vorsicht und Angst gewandelt. Es bleibt als Ergebnis daher festzuhalten, dass für den platonischen Sprachgebrauch das Wortfeld von εὐλάβεια den ursprünglichen semantischen Bereich der Vorsicht und Achtsamkeit bereits verlassen hatte und aus heutiger Sicht als umfangreicher anzusehen ist als beispielsweise noch für jenen der Prosa und Dichtung des fünften vorchristlichen Jahrhunderts. Eine beginnende Semantikwandlung für die Epoche des 4. Jh. v. Chr. lässt sich anhand der Studien zu Platon alleine sicher nicht festmachen, die Ansätze für den Beginn allerdings sind bereits im Werk Platons deutlicher zu erkennen als zu Beginn erwartet.

Literaturverzeichnis

Textausgaben

Platonis opera. Edited by J. Burnet (Oxford 1900–1907).

Diogenis Laertii vitae philosophorum. Edited by H. S. Long (Oxford 1964).

Diogenes Laertius. Lives of Eminent Philosophers. Edited with Introductions by T. Dorandi (Cambridge 2013).

Lexika

A Greek-English lexicon: With a revised supplement. Compiled by Henry George Liddell and Robert Scott. Revised and augmented throughout by Henry Stuart Jones with the assistance of Roderick McKenzie and with the cooperation of many scholars (Oxford ^{9}1996) s.v. εὐλάβεια, εὐλαβέομαι, εὐλαβής (= LSJ)

F. Passow: Handwörterbuch der griechischen Sprache (Darmstadt 1983), s.v. εὐλάβεια, εὐλαβέομαι, εὐλαβής.

G. Kittel: Theologisches Wörterbuch zum Neuen Testament, Bd. II (Stuttgart 1935).

Sekundärliteratur

E. Bickel: Geschichte und Recensio des Platontextes, in: RhM 92 (1943/1944) 97–159.

L. Brandwood: The chronology of Plato's dialogues (Cambridge 1990).

A. Carlini: Studi sulla tradizione antica e medievale del Fedone (Rom 1972).

A.-H. Chroust: The Organization of the Corpus Platonicum in Antiquity, in: Hermes 93 (1965) 34–46.

J. Dalfen: Beobachtungen und Gedanken zum (pseudo)platonischen Minos und anderen spuria, in: K. Döring, M. Erler, S. Schorn (Hgg.): Pseudoplatonica. Akten des Kongresses zu den Pseudoplatonica vom 6.–9. Juli 2003 in Bamberg (Stuttgart 2005) 51–68.

K. Döring, M. Erler, S. Schorn (Hgg.): Pseudoplatonica. Akten des Kongresses zu den Pseudoplatonica vom 6.–9. Juli 2003 in Bamberg (Stuttgart 2005).

K. Döring: Die Prodikos-Episode im pseudoplatonischen Eryxias, in: K. Döring, M. Erler, S. Schorn (Hgg.): Pseudoplatonica. Akten des Kongresses zu den Pseudoplatonica vom 6.–9. Juli 2003 in Bamberg (Stuttgart 2005) 69–80.

H. Dörrie, M. Baltes, Der Platonismus in der Antike, Bd. 2 (Stuttgart-Bad Cannstatt 1990).

M. R. Dunn: The Organization of the Platonic Corpus between the First Century B. C. and the Second Century A. D. (Dissertation Yale 1974) 73–97.

M. R. Dunn: Iamblichus, Thrasyllus, and the Reading Order of the Platonic Dialogues, in: R. B. Harris (Hg.): The Significance of Neoplatonism (Norfolk 1976) 59–80.

A. Dunshirn: Zur Performativität der Platonlektüre, in: Wiener Jahrbuch für Philosophie 39 (2007) 7–23.

A. Dunshirn: In welcher Reihenfolge die Dialoge Platons lesen?, in: Gymnasium 115 (2008) 103–122.

A. Dunshirn: Logos bei Platon als Spiel und Ereignis (Würzburg 2010) 143–270.

D. E. Eichholz: The Pseudo-Platonic Dialogue Eryxias, in: ClQu 29 (1935) 129–149.

M. Erler: ‚Argumente, die die Seele erreichen'. Der Axiochos und ein antiker Streit über den Zweck philosophischer Argumente, in: K. Döring, M. Erler, S. Schorn (Hgg.): Pseudoplatonica. Akten des Kongresses zu den Pseudoplatonica vom 6.–9. Juli 2003 in Bamberg (Stuttgart 2005) 81–96.

M. Erler: Platon, in: H. Holzhey (Hg.), Grundriss der Geschichte der Philosophie, Philosophie der Antike Bd. 2.2 (Basel 2007).

M. Erler: Death is a Bugbear: Socratic 'Epode' and Epictetus' Philosophy of the Self, in: T. Scaltsas, A.S. Mason (Hgg): The Philosophy of Epictetus (Oxford 2007) 99–111.

R. B. Harris (Hg.): The Significance of Neoplatonism (Norfolk 1976).

E. Heitsch: Dialoge Platons vor 399? (Göttingen 2002).

E. Heitsch: Hat Sokrates Dialoge Platons noch lesen können?, in: Gymnasium 110 (2003) 109–119.

R. G. Hoerber: Thrasylus' Platonic Canon and the Double Titles, in: Phronesis 2 (1957) 10–20.

J. Howland: Re-reading Plato. The problem of Platonic chronology, in: Phoenix 45 (1991)189–214.

M. Joyal: Socrates as σοφὸς ἀνήρ in the Axiochos, in: K. Döring, M. Erler, S. Schorn (Hgg.): Pseudoplatonica. Akten des Kongresses zu den Pseudoplatonica vom 6.–9. Juli 2003 in Bamberg (Stuttgart 2005) 97–118.

H. J. Krämer: Die Ältere Akademie, in: H. Flashar (Hg.): Grundriß der Geschichte der Philosophie. Philosophie der Antike, Band 1/3: Ältere Akademie – Aristoteles – Peripatos (Basel/Stuttgart ^{2}2004).

G. R. Ledger: Re-counting Plato. A computer analysis of Plato's style (Oxford 1989).

I. Männlein-Robert (Hg.): Ps.-Platon, Über den Tod, eingeleitet, übersetzt und mit interpretierenden Essays versehen von Irmgard Männlein-Robert, Oliver Schelske, Michael Erler, Reinhard Feldmeier, Sven Grosse, Achim Lohmar, Heinz-Günther Nesselrath und Uta Poplutz (Tübingen 2012).

I. Männlein-Robert: Einführung in den ps.-platonischen Axiochos, in: Ps.-Platon, Über den Tod, eingeleitet, übersetzt und mit interpretierenden Essays versehen von Irmgard Männlein-Robert (Hg.), Oliver Schelske, Michael Erler, Reinhard Feldmeier, Sven Grosse, Achim Lohmar, Heinz-Günther Nesselrath und Uta Poplutz (Tübingen 2012) 3–41.

I. Männlein-Robert, O. Schelske: Kommentar zum ps.-platonischen Axiochos , in: Ps.-Platon, Über den Tod, eingeleitet, übersetzt und mit interpretierenden Essays versehen von Irmgard Männlein-Robert (Hg.), Oliver Schelske, Michael Erler, Reinhard Feldmeier, Sven Grosse, Achim Lohmar, Heinz-Günther Nesselrath und Uta Poplutz (Tübingen 2012) 60–95.

J. Mansfeld: Prolegomena (Leiden 1994).

B. Manuwald: Zum pseudoplatonischen Charakter des Minos. Beobachtungen zur Dialog- und Argumentationsstruktur, in: K. Döring, M. Erler, S. Schorn (Hgg.): Pseudoplatonica. Akten des Kongresses zu den Pseudoplatonica vom 6.–9. Juli 2003 in Bamberg (Stuttgart 2005) 135–154

W. Müller: Die Kurzdialoge der Appendix Platonica. Philologische Beiträge zur nachplatonischen Sokratik (München 1975).

W. Müller: Appendix Platonica und Neue Akademie. Die pseudoplatonischen Dialoge Über die Tugend und Alkyon, in: K. Döring, M. Erler, S. Schorn (Hgg.): Pseudoplatonica (Stuttgart 2005) 155–174.

D. Nails: Platonic chronology reconsidered, in: Bryn Mawr classical review 3 (1992) 314–327

J. A. Philip: The Platonic Corpus, in: N. D. Smith (Hg.): Plato. Critical Assessments Bd. 1 (London 1998) 17–28.

B. Reis: Der Platoniker Albinos und sein sogenannter Prologos (Wiesbaden 1999).

T. Scaltsas, A.S. Mason (Hgg): The Philosophy of Epictetus (Oxford 2007).

S. Schorn: Der historische Mittelteil im pseudoplatonischen Hipparchos, in: K. Döring, M. Erler, S. Schorn (Hgg.): Pseudoplatonica. Akten des Kongresses zu den Pseudoplatonica vom 6.–9. Juli 2003 in Bamberg (Stuttgart 2005) 225–254.

H. Tarrant: Thrasyllan Platonism (Ithaca 1993).

H. Tarrant: Introducing philosophers and philosophies, in: Apeiron 28 (1995) 141–158.

H. Thesleff: Studies in Platonic chronology (Helsinki 1982).

M. Tulli: Der Axiochos und die Tradition der consolatio in der Akademie, in: K. Döring, M. Erler, S. Schorn (Hgg.): Pseudoplatonica. Akten des Kongresses zu den Pseudoplatonica vom 6.–9. Juli 2003 in Bamberg (Stuttgart 2005) 255–272.